文言悦读通

梁溪一苇 编著

聪能谋始
明能见机
胆能决之
然后可以为英
——刘邵《人物志》

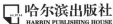

哈尔滨出版社
HARBIN PUBLISHING HOUSE

图书在版编目（CIP）数据

文言悦读通 / 梁溪一苇编著 . -- 哈尔滨 ：哈尔滨
出版社，2024.1
ISBN 978-7-5484-7721-1

Ⅰ．①文… Ⅱ．①梁… Ⅲ．①文言文－中小学－教学
参考资料 Ⅳ．① G634.303

中国国家版本馆 CIP 数据核字 (2024) 第 039778 号

书　　名：**文 言 悦 读 通**
WENYAN YUEDU TONG

作　　者：梁溪一苇　编著
责任编辑：韩金华
封面设计：梁溪一苇

出版发行：哈尔滨出版社（Harbin Publishing House）
社　　址：哈尔滨市香坊区泰山路 82-9 号　　邮编：150090
经　　销：全国新华书店
印　　刷：武汉市籍缘印刷厂
网　　址：www.hrbcbs.com
E-mail：hrbcbs@yeah.net
编辑版权热线：（0451）87900271　87900272

开　　本：710mm×1000mm　　1/16　　印张：13.75　　字数：269 千字
版　　次：2024 年 1 月第 1 版
印　　次：2024 年 1 月第 1 次印刷
书　　号：ISBN 978-7-5484-7721-1
定　　价：68.00 元

凡购本社图书发现印装错误，请与本社印制部联系调换。
服务热线：（0451）87900279

《彖》曰：蒙亨，以亨行，时中也……蒙以养正，圣功也。

——《周易·蒙》

序

"我的同学毕飞宇。"

如果作为题名或者序，仅以此一句，必定有很大的社会效应。

但是，我的同学"三知老人"建平兄却一定要让一个在基层教育教学一线工作近四十年的同学来为他的教师生涯的精选作品作序，这是一种情谊，一种信任，更是缘于他深耕教育这块土地的自信。

文言，是学生学习的三大难点之首，更是一线教师教学、家长助学的痛点。

忽然想起一则广告语："通则不痛。"

文言文学习之痛，第一在于文字不懂，第二在于文化割裂，第三在于情境不融。

解决文言痛之根，首先要解决一个字："通。"

一、通：文化自信之根

《义务教育语文课程标准（2022 年版）》立足学生核心素养发展，充分发挥语文课程育人功能。文化自信是核心素养之首。文化自信是指学生认同中华文化，对中华文化的生命力有坚定信心。

本书所选文言材料皆为经典文本，文本的经典性本就承载着中华民族璀璨的文化之根，可谓"立意高远出境界"。所选文言经典文本涉及神话传说、历史故事和寓言等。论辩类短文散发出古人对治学、持家和修身等极高的品行追求，生活类散文又流露出古人言为士则、行为世范的高洁品位。本着"立意高远出境界"之着眼点，无论是【导引】之评析抑或【拓展】之阐发，无不努力体现着华夏文明厚重的智慧结晶。对所编材料渗透了易经智慧、老庄道家思想、韩非子的法家思想以及孔子、孟子的儒家文化，努力体现着对经典文本解读的至高追求；个别经典文本的阐发还引用了当代作家对文本审美的评价。

二、通：文言结构之脉

文言学习之痛，其中一点，就在于只见树木，不见森林。文言学习，在于找准学习命脉。

论述文言文教学如何处理"言"与"文"关系的文章很多，一方面，一线语文老师往往纠结于文言文教学目标的设置；另一方面在实际教学中往往会出现"钟摆现象"，要么是功利主义，只注重词语解释、句子翻译等实用知识，要么是浪漫主义，只注重挖掘文言文的教育意义或文化传承的意义。本书"评析"部分主要从内容上做简略叙述并解析该文之要义，以期明确、简要地勾勒出该文之主旨。【注释】部分，标明疑难字音、解释该字蕴含的意义。在注解字义及方法上，尝试突破他人之成见，在分析句式的前提下不再牵强附会，尽可能兼顾文章义理接近本义解释，达到了"言"与"文"有机融合的理想境界。

三、通：文言学习之理

俗话说："光说不练假把式。"尽管类似于《赤兔之死》的文言写作不一定值得提倡，但是"学以致用"从来都是真理。这本书"要点"部分列出了需要关注并落实的重要实词、虚词及重点句子。【训练】部分紧随原文与注释，紧扣阅读目标，精心设计训练内容，既有字词解释，又有重点句子翻译训练，既有选择题，更有联系生活实际的感想写作题。训练内容或由实而虚，或由客观而主观，或由知识点凝聚而发散性思考。本书运用新课标理念编写，实现训练与中考、高考的对接，真正做到训练链接真题、训练链接生活，学以致用，真正有实效。

经典是沉淀在时光里的语言金子，拥抱经典，就是要贴近她的心脏，让我们的心和她的心一起跳动。

王书月

2022 年 9 月 12 日

（王书月，正高级教师，任职于江苏省泰州市姜堰区教师发展中心）

徜徉在学海中的乘桴人

学兄建平的大著《文言悦读通》付梓之前,嘱序于我,我颇感跼躇,原因有二。古来作序之人非德高望重之辈就是学问淹通之士。我与建平兄为同学同辈,大学毕业后一直蜗居在江南小城,在一所二本高校内谋职,虽然主教的课程中国古代文学与文言文确乎很有些关系,但至今无甚成就,籍籍无名,既非年高德劭又远非饱学之士,以我现在的资历和学识,确实不宜来写这个序,这是第一个原因。建平兄在中学教坛辛勤耕耘近四十载,初中、高中纵横驰骋,所教学生或以千计,积累的教学案例不可谓不丰富,进行的教学探索不可谓不深入,形成的教学经验不可谓不宝贵,而这些案例、经验汇成了《文言悦读通》这样一本具有鲜明教学理念和独特解读体例的专著,这本身就已经说明了什么。如果从读者的角度来看,《文言悦读通》与其说是一本文言文学习专著,不如说是一本凝结着作者独特教学体验和独创解读风格的文言文阅读教材,它对于初习文言文者帮助会很大,而对于中小学生来讲帮助会更大。读者只要一路读去,创新之处犹如行于山阴道上应接不暇,似乎没有让我来置喙的必要了,这是第二个原因。然而建平兄的执着和恳切又使我大为感动,使我不再推辞而勉力为之。下面是我作为第一批读者阅读本书后的一点体会,不当之处望建平兄海涵。

首先,本书的最大特点是体例的创新,这种创新不仅仅是形式上的,其实还关涉内容,更关乎理念。本书主要内容有【导引】("评析"与"要点")、原文、【注释】、【训练】、【拓展】("阐发"与"应用"等)和【译文】等。以往的文言文阅读指导读物或注重字词的解释,或注重篇章的翻译,或注重主题和思想的提炼,或注重构思谋篇等笔法的归纳,或注重文言文语法的研习,这些都有其存在的价值。不过在一本书中能把评析、注释、训练、阐发和译文等有机组合在一起,可谓是一次创举。这些评析、注释、训练、阐发和译文等均为著者在长期研习前人注解、译文的基础之上的心得,于前人未解或解之未确之处依据材料和文本做合乎情理的推断，提出了不少新见和正解。而训练一目则讲练结合，直接解决问题，颇合学生胃口。作者摒弃了以往文言文教学中过分注重文言文知识教学的传统模式，寓一般于特殊之中，寓理论于实践之中。应该说不啻是体例的创新，更是理念的更新。

其次，本书的文言文选文精当，底蕴深厚，文化价值高。历来学者十分重视古文教学，宋代以来对于作为学生教材的古文选本尤为重视，形成了影响至今的古文选本学。选什么样的古文作为教本，不但体现编选者对所选古文的态度，而且也体现编选者的选学思想，很大程度上反映了其思想观念、价值取向和美学追求。好的选本之所以广为传播，是因为在这些方面引起了读者广泛的共鸣。建平兄所选的 75 则短文，分成德行、诚信、品性、智慧、计谋、风雅等 18 类，涉及古代君子人格所包括的修齐治平、格物致知、德行言语、品节才性等主要内容，一直为自古传诵的名篇，其思想价值烛照当代，与社会核心价值观的主要方面是高度一致的。这些篇幅短小之制如精金美玉，有的注重构思，有的长于描绘，有的重在记叙，有的意在说理，不一而足，在艺术性、趣味性、可读性方面一点儿也不输鸿篇巨制。

再次，本书的读后【训练】一目是亮点。著者遵循读后练、练后读的原则，建构读和练同步结合、协调推进的文言文进阶学习模式。这种尝试是建平兄以近四十年的实践经验为基础，重视教与学交互、学与思共振、理与实结合的教学新理念的体现，也是本书与其他书不同的方面，又能充分凸显其特色和价值之所在。我们可以发现【训练】部分紧随原文与【注释】，紧扣阅读目标，精心设计训练内容。当然建平兄的初衷是以练促学，以练促读，练不是目标，是手段，其初心则在于提高文言文的阅读能力和运用能力。

《文言悦读通》的优点还有许多。比如，本书编写以"授人以渔"为宗旨，使读者知其然，更知其所以然；评析与阐发切中文本肯綮且富含意蕴；要点与训练凸显文本重点以夯实基础；注释与译文把握文本脉络，务求切实精准；拓展与贯通超越文本知识，可助推能力迁移；等等。我想读者诸君在阅读中还会有更多的发现。

学兄建平的大著就要付梓了，我由衷地高兴。就在我想结束这篇所谓序言的时候，我仿佛回到了20世纪80年代的大学校园，春日里穿着藏青色西服，梳着二八分头的建平总是神色匆匆，在八人挤挨的宿舍里高谈阔论，柏拉图、亚里士多德、黑格尔、尼采、海德格尔、王国维、鲁迅、朱光潜、钱锺书、李泽厚、王小波……冬日里在有拜占庭风格的图书馆内争抢座位，废寝忘食地阅读《诗经》《论语》《庄子》《杜工部集》《红楼梦》《忏悔录》《堂吉诃德》《巴黎圣母院》《约翰·克利斯朵夫》《安娜·卡列尼娜》《战争与和平》等世界名著。记得我们曾经因美学课后一场关于什么是美感的问题各执己见而争得面红耳赤，又因对中国古代绘画美学和西方心理学的共同爱好而成为挚友。建平对问题的深入思考和潜心研究源自他对专业的爱。我这里的"专业"当然不仅仅是指大学所学的专业，还有他现在所从事的中学语文教育事业。孔子讲"知之者不如好之者，好之者不如乐之者"，既"好"又"乐"才能称得上"爱"。在大学里，建平的学术兴趣是很广泛的，其求知欲又是很旺盛的，对一些问题的探索和怀疑常常使其寝食难安，一个问题的解决又成为其捕捉下一个问题的开始，这种好学深思和刨根究底的品格铸就了他日后成为好老师的四梁八柱，而对语文教育教学的爱和对语文教学理想境界的不懈追求是他快速成长和成功的内在源泉。荀子言："无冥冥之志者，无昭昭之明；无惛惛之事者，无赫赫之功。"我想对广大的文言文学习者而言又何尝不是呢？

建平兄自号梁溪一苇，他正如航行在知识海洋中的夜航船，把人们遗落的珍珠从海里一一捡起，穿联起来，交给有需要的人们。其"乘桴浮于海"的目的既在于渡己亦在于渡人。建平兄年近花甲，仍笔耕不辍，我敬仰之；其身板硬朗、精神矍铄，声音洪亮、行走如风，岁月在他身上似乎看不到印记，我羡慕之。祝福他身体健康！期待看到他更多大作问世。是为序。

张幼良

壬寅年冬至日纪于虞山摩是斋

（张幼良，教授，江苏省重点建设学科——中国语言文学学科带头人，
出版《当代视野下的唐宋词研究论纲》《中国词学研究》等专著，
主编《归有光文献辑刊》等高校教材 8 种）

目 录

专注

为学

风雅

自然

逻辑

唯心

表里

情愫

认知

附录

后记

德行

1.子罕弗受玉

【导引】

（一）评析

在献玉者的世界里宝玉就是珍宝，在子罕的世界里"不贪"才是珍宝，这就是所谓的"人有其宝"。献玉者与子罕有着不同的人生观。子罕洁身自好、不贪钱财的品质值得颂扬。

（二）要点

1. 实词：示、与、有。

2. 虚词：诸、以、若。

3. 句子：若以与我，皆丧宝也。不若人有其宝。

宋人或得玉，献诸①子罕②。子罕弗受。献玉者曰："以示玉人③，玉人以为宝也，故敢④献之。"子罕曰："我以不贪为宝，尔⑤以玉为宝。若以与我，皆丧宝也。不若人⑥有其宝。"

【注释】

①诸：相当于"之于"。"之"是代词，相当于现代汉语的"他、她、它"。②子罕：人名。③玉人：从事玉石加工、雕琢的匠人。④敢：谦辞，相当于"冒昧"。⑤尔：你。⑥人：各人。

【训练】

1. 解释下列句中加点的词。

（1）宋人或得玉（　　　　　　）　　（2）以示玉人　（　　　　　　）

（3）故敢献之　（　　　　　　）　　（4）我以不贪为宝（　　　　　　）

2. 把下列句子翻译成现代汉语。

（1）宋人或得玉，献诸子罕。

（2）以示玉人，玉人以为宝也。

（3）若以与我，皆丧宝也。不若人有其宝。

3. 每个人都有不一样的收藏爱好。是什么让我们如此感动觉得值得收藏？请结合文章谈谈自己的想法。

【拓展】

（一）阐发

本文选自《左传》。《左传》，又名《左氏春秋》，是我国第一部编年体史书。相传是春秋末年左丘明为解释孔子的《春秋》而作的。《左传》保存了大量古代史料，还具有很高的文学价值。

（二）应用

示：（1）指给……看。如《廉颇蔺相如列传》："璧有瑕，请指示王。"（2）表示、显示。如《廉颇蔺相如列传》："王不行，示赵弱且怯也。"（3）指示、示意。如《鸿门宴》："举所佩玉玦以示之者三。"

（三）博观

齐威王论宝

齐威王、魏惠王会田①于郊。惠王曰："齐亦有宝乎？"威王曰："无有。"惠王曰："寡人国虽小，尚有径寸之珠，照车前后各十二乘者十枚。岂以齐大国而无宝乎？"

威王曰："寡人之所以为宝者与王异。吾臣有檀子者，使守南城，则楚人不敢为寇②，泗上十二诸侯皆来朝③；吾臣有盼子者，使守高唐，则赵人不敢东渔于河④；吾吏有黔夫者，使守徐州，则燕人祭北门⑤，赵人祭西门，徙而从者七千余家；吾臣有种首者，使备⑥盗贼，则道不拾遗。此四臣者，将照千里，岂特⑦十二乘哉！"

惠王有惭色。（选自《资治通鉴·周纪》）

注释：

①会田：会猎，聚会打猎，常指两国以盛兵相向。田，同"畋"，打猎。②为寇：此处指入侵。寇，入侵者。③来朝：前来朝拜，指小国君王对大国君王表示服从的朝拜。④渔于河：到黄河捕鱼，这里指不敢越过黄河。河，古代专指黄河。⑤祭北门：指在徐州北门向北祭祀祈祷。⑥备：戒备。⑦岂特：哪里只是。特，仅、只。

【译文】

宋国有人得到了一块玉，献玉给子罕。子罕不接受。献玉的人说："我把玉给雕琢玉器的玉匠看了,玉匠认为是珍宝,所以冒昧地献出它。"子罕说:"我把不贪财（的品质）作为珍宝,你把玉石作为珍宝。如果把玉给我,（我们）都失去了珍宝。不如各人拥有自己（认为的）珍宝。"

2.王华还金

【导引】

（一）评析

六岁时的王华,水边嬉戏时见他人醉酒遗失所携带的装有数十金的口袋。王华估计那人醒酒后必定再来,又担心别人拾走了口袋,便把口袋投入水里坐守着那口袋。这既表现出王华的拾金不昧,也体现出少年王华的机智聪慧。后其人大喜,用一铤金道谢,王华推辞没有接受,这更突出了少年王华乐于助人、诚实不贪的可贵品质。

（二）要点

1. 实词：濯、遗、号。

2. 虚词：以、少顷、果。

3. 句子：其人喜,以一铤为谢,却不受。

王华六岁,与群儿戏水滨,见一客来濯①足,以大醉,去,遗②所提囊。取③视之,数十金也。公度其醒必复④来,恐人持去,以投水中,坐守之。少顷,其人果号而至,公迎谓曰："求尔⑤金耶？"为⑥指其处。其人喜,以一铤⑦为谢,却不受。

【注释】

①濯：洗。②遗：遗失。③取：从中取出。④复：再。⑤尔：你。⑥为：替,给。⑦铤：货币的计量单位。

【训练】

1. 解释下列句中加点的词。

（1）与群儿戏水滨　　（　　　　　）　　（2）以大醉　　（　　　　　）

（3）公度其醒必复来（　　　　　）　　（4）公迎谓曰（　　　　　）

2. 把下列句子翻译成现代汉语。

（1）以大醉,去,遗所提囊。

（2）恐人持去,以投水中,坐守之。

（3）其人喜，以一铤为谢，却不受。

_____

3. 请结合故事情节，分析王华的形象。

_____

_____

【拓展】

（一）阐发

"王华还金"是一个典故，"王华还金"又叫作"王华沉银"。王华，字子陵，琅邪临沂人，南朝宋国（刘宋）官员。

"沧浪之水清兮，可以濯我缨。沧浪之水浊兮，可以濯我足。"（语出《楚辞•渔父》）

嬉戏之水何尝不是沧浪之水？有人因大醉而濯其足，有人为守品行而投囊金之袋于其中。这里的"客"与王华又何尝不是代表了两种不同的生活态度？有人或为金而醉而号，或为金而喜；有人因其智而"投"金于水，因其诚而"坐守"，更因其人品而"却不受"。

（二）应用

遗：（1）遗失、遗漏的东西。如《过秦论》："秦无亡矢遗镞之费，而天下诸侯已困矣。"又如《乐羊子妻》："况拾遗求利以污其行乎？"（2）抛弃。如《师说》："小学而大遗，吾未见其明也。"（3）遗留。如《伶官传序》："此三者，吾遗恨也。"（4）给予、赠送。如《信陵君窃符救赵》："公子闻之，往请，欲厚遗之。"

（三）博观

李勉①埋金

天宝②中，有书生旅③次宋州。时李勉少年贫苦，与一书生同店。而不旬日④，书生疾作，遂至不救，临绝⑤语勉曰："某⑥家住洪州，将于北都⑦求官，于此得疾且死，其命也。"因出囊金百两遗勉，曰："某之仆使，无知有此者，足下为我毕死事⑧，余金奉⑨之。"勉许为办事，余金乃密置于墓中而同葬焉。后数年，勉尉⑩开封。书生兄弟赍⑪洪牒⑫来，而累路⑬寻生行止，至宋州，知李为主丧事，专诣开封，诘⑭金之所。勉请假至墓所，出金付焉。（选自《尚书读录》）

注释：

①李勉：唐朝人。②天宝：唐玄宗时期的年号。③旅：寄旅，客居。④不旬日：没过多长时间。⑤临绝：临死。⑥某：指自己，我。⑦北都：今太原。⑧毕死事：处理后事。⑨奉：送。⑩尉：县尉。此处用作动词，做县尉。⑪赍（jī）：携带。⑫牒：证件。⑬累路：沿路。⑭诘（jié）：诘问，追问。

【译文】

王华六岁时，和一群孩童在水边嬉戏，见到一个客人来洗脚，因为大醉，离开时，遗失所携带的口袋。王华从中取出一看，几十两金。王华估计他醒酒后必定再来，担心别人拿走了口袋，把口袋投入水里，坐守着那口袋。不多时，那个人果然大声哭着到了，王华迎上去对他说："寻找你的金吗？"给他指向那个口袋的处所。那个人很高兴，用一锭金道谢，王华推辞没有接受。

3.陆元方卖宅

【导引】

（一）评析

陆元方诚实地将自家房子的缺点告诉了卖家，宁愿房宅卖不出去，也决不骗人或者伤害他人的利益，表现了陆元方正直、诚实交易、不唯利是图、以诚信为本、为人刚正不阿的品质。陆元方卖宅虽然失败，却体现了他诚实、正直的美德。

（二）要点

1. 实词：直、辞、置。

2. 虚词：曾、因、遽。

3. 句子：买者闻之，遽辞不置。子侄以为言。

陆少保，字元方，曾于东都卖一小宅。家人将受直①矣，买者求见，元方因告其人曰："此宅子甚好，但无出水②处耳。"买者闻之，遽③辞不置④。子侄以为言⑤，元方曰："不尔，是欺之也。"

【注释】

①直：通"值"，价值、钱财。②出水：排水。③遽：迅速、急速。④置：购置、添置。⑤言：谈论。

【训练】

1. 解释下列句中加点的词。

（1）买者求见　　（　　　　　）　（2）元方因告其人曰（　　　　　）

（3）但无出水处耳（　　　　　）　（4）是欺之也　　　（　　　　　）

2. 把下列句子翻译成现代汉语。

（1）家人将受直矣，买者求见。

（2）此宅子甚好，但无出水处耳。

_____

（3）元方曰："不尔，是欺之也。"

_____

3. 金钱和美德，哪一个更可贵呢？值得我们三思。请谈谈自己的想法。

_____

_____

【拓展】

（一）阐发

"东都"与"西都"在中国历史上是相对而言的。上文说陆少保"曾于东都卖一小宅"，这是唐朝人说的"东都"，实指洛阳；"西都"指长安（今西安市）。汉朝人也以洛阳为"东都"，因为它在国都长安的东边。再往上推，周武王建都镐，称"西都"，也把洛阳称为"东都"。后代也有以开封为"东都"的。"东都"一度被称为"东京"，那么长安便是"西京"。

（二）应用

见：（1）看、看到。如《齐桓晋文之事》："见牛未见羊也。"（2）遇见、碰见。《回乡偶书》："儿童相见不相识。"（3）见面、会面。如《琵琶行》："移船相近邀相见。"（4）拜见、谒见。如《邹忌讽齐王纳谏》："于是入朝见威王。"（5）召见、接见。如《廉颇蔺相如列传》："秦王坐章台见相如。"（6）知道、懂得。如《示儿》："乃翁见事可怜迟。"（7）听见、听到。如《林黛玉进贾府》："总不许见哭声。"（8）见解、见识。如《晋书•王浑传》："敢陈愚见。"（9）用在动词前，表被动，译为"被"。如《屈原列传》："信而见疑，忠而被谤。"（10）在动词前，表示说话人自己，可译为"我"。如《孔雀东南飞》："君既若见录，不久望君来。"又如《答司马谏议书》："故今具道所以，冀君实或见恕也。"另外有"见教""见谅""见笑"等。（11）通"现"，出现、显现。如《毛遂自荐》："锥之处囊中，其未立见。"

【译文】

陆少保，字元方，曾在都城东处出卖一栋小房子。家里人将要接受（卖房的）钱财时，买房人请求拜见，元方于是告诉那人说："这房子非常好，只是没有排水的地方罢了。"买房人听到这个情况，急速托词不再购置。子侄们把这事当作谈论，元方说："不这样（说），这（是）欺骗他了。"

4.公仪休拒鱼

【导引】

（一）评析

公仪休喜爱吃鱼而不接受别人送的鱼，这表明公仪休处事自有分寸。公仪休不贪图眼前利益的明智在于作为掌权者懂得权衡利弊得失，他深知"君子爱财，取之有道"的道理。其言可为士林则，其行可为后世范。

（二）要点

1. 实词：嗜、免、恃。

2. 虚词：而、则、虽。

3. 句子：枉于法，则免于相。

公仪休①相②鲁而嗜鱼，一国尽争买鱼而献之，公仪子不受。其弟谏曰："夫子③嗜鱼而不受者，何也？"对曰："夫④唯嗜鱼，故不受也。夫受鱼，必有下⑤人之色⑥；有下人之色，将枉⑦于法；枉于法，则免于相。虽⑧嗜鱼，此不必能自给致我鱼，我又不能自给⑨鱼。即无受鱼而不免于相，虽嗜鱼，我能长自给鱼。此明⑩夫恃人不如自恃也；明于人之为己者，不如己之者为也。"

【注释】

①公仪休：复姓公仪，名休。②相：担任宰相。③夫子：古代对男子的尊称。④夫：句首发语词，表示要发表议论，相当于"要知道"。⑤下：低，与"高"相对，在……下。⑥色：神色。⑦枉：歪曲。⑧虽：即使。⑨自给：自己供给。⑩明：说明、阐明。

【训练】

1. 解释下列句中加点的词。

（1）夫子嗜鱼而不受者（　　　　）　（2）夫唯嗜鱼，故不受也（　　　　）

（3）枉于法，则免于相（　　　　）　（4）明于人之为己者（　　　　）

2. 把下列句子翻译成现代汉语。

（1）对曰："夫唯嗜鱼，故不受也。"

_____

（2）虽嗜鱼，此不必能自给致我鱼。

_____

（3）此明夫恃人不如自恃也。

_____

3. 请多角度分析公仪休的形象。

_____

_____

【拓展】

（一）阐发

本文出自《韩非子·外储说右下》。

公仪休自觉克制"受鱼"之念，从而保证自己能够长期买鱼吃，无疑是相当明智的。他懂得不能因小失大，不能贪图眼前利益而牺牲长远利益，他懂得大和小、长和短的辩证关系。公仪休拒鱼的故事对今人仍很有启发意义。

（二）应用

唯：（1）只、仅。如《周处》："实冀三横唯余其一。"（2）句首语气词，表示希望。如《廉颇蔺相如列传》："唯大王与群臣孰计议之。"（3）句首语气词，无实义。如《子路曾皙冉有公西华侍坐》："唯求则非邦也与？"（4）由于。如《左传·昭公·昭公二十年》："唯不信，故质其子。"

【译文】

公仪休担任鲁国的宰相且喜欢吃鱼，全国的人争相买鱼并献给他，公仪休不接受。他的学生劝他说："夫子喜欢吃鱼却不接受别人送的鱼，为什么呢？"他回答说："要知道只是特别喜欢吃鱼，所以不接受啊！要知道如果接受了鱼，必然有迁就别人的神色；有了迁就别人的神色，将会在法律上歪曲行事；在法律上歪曲行事，那么在宰相之职上会被罢免。即使喜欢吃鱼，这样（别人）也不会再必然送我鱼，我又不能自己供给自己鱼。如果不接受别人送的鱼就不会在宰相之职上被罢免，虽然喜欢吃鱼，我能够长期自己供给自己鱼吃。这说明依靠别人不如依靠自己，说明让别人为自己（办事），不如自己为自己办事啊！"

日积月累（1）

文言词类活用知识点归纳

词类活用是古汉语中常见的一种现象，试归纳于下：

1. 名词活用为动词

一般情况下是两个名词连用，必有一个名词作动词；或副词后面直接带名词，名词活用为动词。活用后的词义和这个名词的意义依然密切相关，只是词义动作化。

（1）"一狼洞其中"（《狼》）中的"洞"，原为名词，译为"洞穴"；活用为动词，译为"打洞"。

（2）"不能名其一处"（《口技》）中"名"，活用为动词，译为"说出"。

2. 名词作状语

（1）表示动作行为发生的处所。如"途中两狼，缀行甚远"（《狼》）中的"途"，原义为道路，这里作状语，译为"在道路上"。

（2）表示动作行为的依据、手段或工具。如"失期，法皆斩"（《陈涉世家》）中的"法"，原义是"法律"，这里作状语，修饰动词"斩"，表示行为的依据，译为"按照法律"。

（3）表示行为的身份或对待的方式。如"君为我呼入，吾得兄事之"（《项羽本纪》）中的"兄"，本为名词，词性活用，作状语，译为"用对待兄长的礼节"。

（4）表示动作行为的特征或状态。如"其一犬坐于前"（《狼》）中的"犬"，本是名词"狗"，词性活用，作状语，译为"像狗一样"。

（5）表示动作行为发生的趋向。如"潭西南而望"（《小石潭记》）中的"西南"，方位名词作状语，修饰"望"，限制其方向，译为"向西南"。

（6）表示行为变化的时间。如"朝而往，暮而归"（《醉翁亭记》）中的"朝""暮"，时间名词作状语，译为"在早上""在傍晚"。

3. 动词活用为名词

动词出现在主语或宾语的位置上，表示与这个动作行为有关的人或事，这时它活用作名词。

（1）"吾射不亦精乎"（《卖油翁》）中的"射"，本是动词"射箭"，这里活用为名词，译为"射箭的本领"。

（2）"前人之述备矣"（《岳阳楼记》）中的"述"，本是动词"记述"，这里活用为名词，译为"记述的文字"。

4. 形容词活用为名词

在句子中，形容词如果处于主语或宾语的位置，具有明显的表示人或身份的特征和意义，形容词活用为名词。

（1）"无鲜肥滋味之享"（《送东阳马生序》）中的"鲜肥"，就是形容词活用为名词，译为"新鲜肥美的东西"。

（2）"此皆良实"（《出师表》）中的"良实"，就是形容词活用为名词，译为"忠良诚实的人"。

5. 形容词活用为动词

形容词后面带了宾语，由于语言环境的不同词性发生改变，形容词活用为动词。

（1）"亲贤臣，远小人"（《出师表》）中的"亲""远"都是形容词，后面带名词"贤臣"和"小人"，活用为动词，分别译为"亲近"和"远离"或"疏远"。

（2）"香远益清"（《爱莲说》）中的"远"是形容词，跟随在名词"香"的后面，活用为动词，译为"远播"。

6. 为动用法

为动用法是用最简单的动宾形式表达多种较复杂状谓结构所要表达的内容。翻译结构如下："为……而…""为……所…""给（替）……""对（向）……"等。

（1）"等死，死国可乎？"（司马迁《史记·陈涉世家》）中的"死"，译为"为……而死"。

（2）"天下苦秦久矣"（《陈涉世家》）中的"苦"，因带宾语"秦"，译为"为……所苦"。

（3）"名我固当。"（柳宗元《种树郭橐驼传》）中的"名我"，译为"给……起名"。

（4）"既泣之三日，乃誓疗之。"（龚自珍《病梅馆记》）中的"泣"，译为"对着……而泣"。

7. 意动用法

意动用法是指谓语具有动作性质，含有"认为（以为）……怎么样""把宾语当作什么"的意思。

（1）名词的意动用法。名词的意动用法是把它后面的宾语所代表的人或事物看作这个名词所代表的人或事物。

"稍稍宾客其父"（《伤仲永》）中的"宾客其父"为动宾结构，"宾客"活用作动词，译为"以……为宾客"。

（2）形容词的意动用法。形容词的意动用法是主观上认为宾语所代表的人或事物具有这个形容词所表示的性质或状态。

①"渔人甚异之"（《桃花源记》）中的"异"为形容词，活用作动词。"异之"就是

"以之为异"，译为"认为这事奇怪"。

②"吾妻之美我者，私我也"（《邹忌讽齐王纳谏》）中的"美"为形容词，活用作动词，译为"以……为美"。

③"而不知太守之乐其乐也"（《醉翁亭记》）中的"乐"（第一个）为形容词，活用作动词，译为"以……为乐"。

8. 使动用法

所谓使动用法，是指谓语动词具有"使……怎么样"的意思。使动用法中的谓语动词，有的是由名词、形容词活用来的，活用之后，它们所表示的语法意义也有所改变。

（1）动词的使动用法。动词和它的宾语在一起，使宾语所代表的人或事物产生这个动词表示的动作行为。

"劳其筋骨，饿其体肤"（《生于忧患，死于安乐》）中的"饿"是动词，因后面带宾语"其体肤"，活用为使动动词，译为"使……受饥饿"。

（2）形容词的使动用法。形容词带上宾语，假使宾语具有这个形容词的性质和状态，那么形容词活用为使动动词。

①"凄神寒骨"（《小石潭记》）中的"凄"与"寒"都是形容词,本义为"凄凉"与"寒冷"，因其后带宾语"神"与"骨"，译为"使……凄凉""使……寒冷"。

②"苦其心志，劳其筋骨"（《生于忧患，死于安乐》）中的"苦""劳"都是形容词活用为动词，分别译为"使……苦恼"与"使……劳累"。

（3）名词的使动用法。名词带宾语，使宾语所代表的人或事物变成这个名词所代表的人或事物。

"汗牛充栋"（《黄生借书说》）中的"汗"本是名词，译为"汗水"，因其后带宾语"牛"，译为"使……出汗"。

毅力

5.鲤鱼跳龙门

【导引】

（一）评析

古代传说只要鲤鱼能够跳过龙门，就会变化成为真龙。鲤鱼跳龙门的传说常用来比喻中举、升官等飞黄腾达之事。

（二）要点

1. 实词：凿、季春。

2. 虚词：诸、其、乃。

3. 句子：登龙门者，不过七十二。

龙门山，在河东①界。禹凿山断门阔一里余。黄河自②中流下，两岸不通车马。每岁季春，有黄鲤鱼，自海及诸川争来赴③之。一岁中，登龙门者，不过④七十二。初登龙门，即有云雨随之，天火自后烧其尾，乃化为龙矣。

【注释】

①河东：黄河以东。②自：从。③赴：到。④过：超过。

【训练】

1. 解释下列句中加点的词。

（1）每岁季春　　（　　　　　　　　）　　（2）自海及诸川争来赴之（　　　　　　　）

（3）即有云雨随之（　　　　　　　）　　（4）乃化为龙矣　　　　　（　　　　　　　）

2. 把下列句子翻译成现代汉语。

（1）每岁季春，有黄鲤鱼，自海及诸川争来赴之。

_____

（2）初登龙门，即有云雨随之，天火自后烧其尾，乃化为龙矣。

_____

3. 思索鲤鱼跳龙门的过程，结合你的生活实际，说说你对鲤鱼跳龙门的感受。

_____

_____

【拓展】

（一）阐发

另有传说龙门为应龙开辟，有诗赋赞曰"阙之所成兮，得应龙之伟力"，阙即伊阙。当鲤鱼跃龙门时，就会有应龙盘旋上空。

本故事出自《三秦记》。三秦，战国秦之故地。该书记秦汉时三秦地理、沿革、民情、都邑、宫室、山川，为我国早期地方志书代表作。

（二）应用

诸：（1）众、各个。如《陈涉世家》："诸郡县苦秦吏者，皆刑其长吏。"（2）兼词，用于句中，相当于"之于"。如《兰亭集序》："或取诸怀抱，晤言一室之内。"（3）兼词，用于句末，相当于"之乎"。如《齐桓晋文之事》："不识有诸？"（4）相当于"之"。如《孟子·公孙丑》："王如改诸，则必反予。"

【译文】

龙门山，在黄河以东的地界。大禹凿开龙门山宽一里多。黄河水从中间流下，两岸不通车马。每年暮春，有黄颜色的鲤鱼，从大海及各条大河争相游到龙门。一年之中，登上龙门的鱼，不超过七十二尾。刚刚登上龙门的鲤鱼，当即有云雨伴随它，天火从后面烧它的尾巴，于是（鲤鱼）化成了龙。

6.刮骨疗毒

【导引】

（一）评析

本文讲述关羽的手臂被毒箭射中后，神医华佗为他刮骨去毒的故事。刮骨疗毒的过程中，关羽仍割炙引酒，言笑自若。刮骨疗毒，就是用刀将深入骨头的箭毒刮除，以达到治疗的目的。后来也用刮骨疗毒比喻意志坚强的人。

（二）要点

1. 实词：愈、去。

2. 虚词：尝、虽、适。

3. 句子：而羽割炙引酒，言笑自若。

羽尝为①流矢②所中，贯③其左臂，后疮④虽愈，每至阴雨，骨常疼痛。医曰："矢镞有毒，毒入于骨，当⑤破臂作疮，刮骨去毒，然⑥后此患⑦乃⑧除耳⑨。"羽便伸臂令医劈⑩之。时羽适请诸将饮食相对，臂血流离，盈⑪于盘器，而羽割炙引酒，言笑自若⑫。

【注释】

①为：被。②流矢：飞箭。③贯：贯穿、穿透。④疮：创伤。⑤当：应当。⑥然：这样。⑦患：忧患、灾祸。此处可引申为"疾病"。⑧乃：才。⑨耳：句末语气词，表肯定。⑩劈：切开。⑪盈：注满。⑫自若：自如，和平常一样。

【训练】

1. 解释下列句中加点的词。

（1）羽尝为流矢所中（　　　　　　）　　（2）后疮虽愈　（　　　　　　　）

（3）当破臂作疮　（　　　　　　）　　（4）而羽割炙引酒（　　　　　　）

2. 把下列句子翻译成现代汉语。

（1）医曰："矢镞有毒，毒入于骨，当破臂作疮，刮骨去毒。"

_____

（2）而羽割炙引酒，言笑自若。

_____

3. 读完刮骨疗毒的故事，结合"评析"，请你分角度谈谈阅读体会。

_____

_____

【拓展】

（一）阐发

这是一个家喻户晓的故事，至今还脍炙人口，但特指历史小说《三国演义》中华佗为关羽刮骨疗毒，在正史《三国志》中亦有关羽刮骨疗毒之事，但医生并非华佗。

《三国演义》中刮骨疗毒的故事，既表现了关羽非同寻常的坚强意志与惊人的忍耐力，又赞颂了神医华佗的高明医术。

《三国演义》全名为《三国志通俗演义》，又称《三国志传》，是中国古典四大名著之一，亦是中国第一部长篇章回体历史演义小说，一般认为作者是元末明初的罗贯中。

（二）应用

乃：（1）是、就是。如《游褒禅山记》："以其乃华山之阳名之。"（2）刚刚、才。如《聊斋志异·狼》："乃悟前狼假寐，盖以诱敌。"（3）竟、竟然。如《师说》："今其智乃反不能及，其可怪也欤！"

【译文】

关羽曾经被飞箭射中，飞箭穿透了他的左臂，后来伤口虽然痊愈，每到阴雨天气，骨头处常常疼痛。医生说："箭头有毒，毒已渗入骨头处，应当剖开臂部给伤口作业，在骨头上削刮除去箭毒，这样以后这个隐患才可消除。"关羽便伸出手臂让医生切开它。当时关羽恰好请诸位对坐饮酒，手臂上鲜血淋漓，盘器里都注满了，但是关羽割肉吃取酒饮，谈笑如常。

7.欧阳修发奋苦学

【导引】

（一）评析

欧阳修自幼喜爱读书，常从城南李家借书抄读。他天资聪颖又刻苦勤奋，往往书不待抄完已能成诵；少年习作诗赋文章，文笔老练有如成人。

（二）要点

1. 实词：孤、资、务。

2. 虚词：以、而、因。

3. 句子：以至昼夜忘寝食，唯读书是务。

先公四岁而孤①，家贫无资。太夫人②以荻③画地，教以书字。多诵古人篇章，使学为诗。及其稍长，而家无书读，就闾里④士人⑤家借而读之，或因⑥而抄录。抄录未毕，而已能诵其书。以至昼夜忘寝食，惟读书是⑦务。自幼所作诗赋文字，下笔已如成人。

【注释】

①孤：幼年丧父。②太夫人：欧阳修的母亲。③荻（dí）：芦苇类的植物。④闾（lǘ）里：乡里，民间，街坊。⑤士人：古时指读书人。⑥因：趁着。⑦惟……是……：固定格式，由副词"惟"和助词"是"组成。"惟"限制动作行为的范围，"是"标志宾语前置，可译为"只……"。

【训练】

1. 解释下列句中加点的词。

（1）家贫无资　（　　　　　　）　（2）使学为诗　（　　　　　　　）

（3）或因而抄录（　　　　　　）　（4）惟读书是务（　　　　　　　）

2. 把下列句子翻译成现代汉语。

（1）多诵古人篇章，使学为诗。

_____

（2）就闾里士人家借而读之。

_____

（3）以至昼夜忘寝食，惟读书是务。

【拓展】

（一）阐发

本文出自《欧阳修全集·附录》。

欧阳修（1007—1072），北宋时期政治家、文学家，唐宋八大家之一，字永叔，号醉翁，晚号六一居士，谥号"文忠"，著有《欧阳文忠公文集》，吉州吉水（今属江西）人，因吉州原属庐陵郡，欧阳修自称庐陵人。欧阳修在中国文学史上有重要地位，他大力倡导诗文革新运动，改革了唐末到宋初的形式主义文风和诗风，取得了显著成绩。

（二）应用

孤：（1）幼年丧父的人。如《祭十二郎文》："今吾使建中祭汝，吊汝之孤与汝之乳母。"（2）孤独、单独。如《归去来兮辞》："景翳翳以将入，抚孤松而盘桓。"又如《陈情表》："祖母刘愍臣孤弱。"（3）封建时代王侯对自己的谦称。如《殽之战》："孤违蹇叔，以辱二三子。"（4）辜负。如《后汉书》："臣孤恩负义。"

【译文】

欧阳修四岁时就成了孤儿，家境贫穷没有钱财。欧阳修的母亲用芦苇秆在地上画笔画，教他写字。大多诵读古人的文章，让他学习作诗。等到慢慢地长大，可是家里没有书让他读，就近乡里读书人家借书让他读，有时他趁着抄录（读所借的书）。抄录尚未结束，已经能够诵读那书了。以至白天忘记吃饭晚上忘记睡觉，只是致力于读书。从幼年时所作的诗赋文章，落笔已经有如成人（的水准）。

8.为学①

【导引】

（一）评析

贫苦和尚依靠一瓶一钵盂到南海而还的故事告诉我们：人之立志贵在实践。只有立下了目标并努力去实现才会获得成功，无论客观条件好坏、天资高低，关键在于人的主观努力。

（二）要点

1. 实词：为、数、恃。

2. 虚词：乎、矣、何如。

3. 句子：人之立志，顾不如蜀鄙之僧哉？

天下事有难易乎？为②之，则难者亦③易矣；不为，则易者亦难矣。人之为学有难易乎？学之，则难者亦易矣；不学，则易者亦难矣。

蜀④之鄙有二僧：其一贫，其一富。贫者语⑤于富者曰："吾欲之南海，何如⑥？"富者曰："子何恃而往？"曰："吾一瓶一钵足矣。"富者曰："吾数年⑦来欲买舟而下⑧，犹未能也。子何恃而往？"越⑨明年，贫者自南海还，以告富者，富者有惭色。

西蜀之去⑩南海，不知几千里也。僧富者不能至而贫者至焉。人之立志，顾不如蜀鄙之僧哉⑪？

【注释】

①为学：求学，做学问。②为：做。③亦：也。④蜀：四川。⑤语（yù）：告诉，对……说。⑥何如：怎么样。⑦数年：几年，多年。⑧下：顺流而下。⑨越：经过、越过。⑩去：距离。⑪哉：语气词，表示反问语气，相当于"吗"。

【训练】

1. 解释下列句中加点的词。

（1）蜀之鄙有二僧（   ）   （2）子何恃而往   （   ）

（3）西蜀之去南海（   ）   （4）僧富者不能至而贫者至焉（   ）

2. 把下列句子翻译成现代汉语。

（1）贫者语于富者曰："吾欲之南海，何如？"

_____

（2）贫者自南海还，以告富者，富者有惭色。

_____

（3）人之立志，顾不如蜀鄙之僧哉？

_____

3. 给下列句子划分节奏与停顿。

（1）天下事有难易乎？为之，则难者亦易矣；不为，则易者亦难矣。

_____

（2）人之为学有难易乎？

_____

（3）蜀之鄙有二僧：其一贫，其一富。

_____

4. 为了阐明"为学"的观点，本文作者采用了哪些写作手法？请依据文中材料予以说明。

___

___

【拓展】

（一）阐发

彭端淑（1699－1779），字乐斋，号仪一，眉州丹棱（今四川丹棱县）人。清朝官员、文学家，与李调元、张问陶一起被后人并称为"清代四川三才子"。

本文选自彭端淑的《白鹤堂文集》。

（二）应用

顾：（1）回头看。如《殽之战》："不顾而唾。"又如《荆轲刺秦王》："荆轲顾笑武阳。"（2）视、看。如《行路难》："拔剑四顾心茫然。"（3）看望、拜访。如《出师表》："先帝不以臣卑鄙，猥自枉屈，三顾臣于草庐之中。"（4）顾念、关心。如《诗经•硕鼠》："三岁贯女，莫我肯顾。"（5）返回。如《屈原列传》："使于齐，顾反，谏怀王曰。"（6）只是、不过。如《荆轲刺秦王》："吾每念，常痛于骨髓，顾计不知所出耳。"（7）却、反而。如《廉颇蔺相如列传》："顾吾念之，强秦之所以不敢加兵于赵者。"

【译文】

天下的事情有艰难和容易之分吗？做这件事，那么艰难的情状也变得容易了；不做这件事，那么容易的状况也会变得艰难。人们做学问有困难与容易之分吗？研习学问，那么艰难的情状也会变得容易；不研习，那么容易的情况也会变得艰难。

蜀国的边境有两个和尚：其中一个贫苦，一个富有。贫苦和尚告诉富和尚说："我想要去南海，怎么样？"富和尚说："你凭借什么去呢？"贫苦和尚说："我一个瓶子和一个钵盂足够了。"富和尚说："我几年来想要买船南下，还没能够（成功）呢！你凭借什么去呢？"到了第二年，贫苦和尚从南海返回，把去南海已还这件事告诉了富和尚，富和尚脸有惭愧的神色。

四川的边境距离南海，不知道有几千里的路。富和尚不能到而那个贫苦和尚到了。人们立志（求学），反而不如蜀国的边境的那个贫苦和尚吗？

9.闻鸡起舞

【导引】

（一）评析

这个故事是说范阳祖逖夜半听到鸡啼就起来舞剑。后来比喻有志报国的人即时奋起，也比喻意志坚强，有毅力、有耐心的有志之士，通过不断的努力奋斗，就有可能获得成功，成就一番事业。

（二）要点

1. 实词：蹴。

2. 虚词：也、因。

3. 句子：蹴琨觉曰："此非恶声也！"

范阳祖逖^①，少有大志，与刘琨^②俱为^③司州^④主簿^⑤，同寝，中夜^⑥闻鸡鸣，蹴^⑦琨觉曰："此非恶声^⑧也！"因^⑨起舞。

【注释】

①祖逖：字士稚，范阳遒县人。②刘琨：字越石，西晋魏昌人。③为：担任。④司州：晋代地名，约在今陕西省中部、河南省西部及山西省西南部。⑤主簿：州、府长官的佐僚，主管文书簿籍。⑥中夜：夜半。⑦蹴：踢。⑧恶声：不祥的声音。⑨因：于是。

【训练】

1. 解释下列句中加点的词。

（1）俱为司州主簿（　　　　　　　　　）　　（2）蹴琨觉曰（　　　　　　　　　）

（3）此非恶声也　（　　　　　　　　　）　　（4）因起舞　　（　　　　　　　　　）

2. 把下列句子翻译成现代汉语。

（1）少有大志，与刘琨俱为司州主簿。

_____

（2）蹴琨觉曰："此非恶声也！"

_____

3. "闻鸡起舞"这个成语源自上面的故事，你从这个故事中明白了什么道理？

_____

4. 你能写出一个带"蹴"的成语吗？联系生活实际谈谈你对该成语的理解。

_____

【拓展】

（一）阐发

《晋书·祖逖传》记述：传说东晋时期将领祖逖在他年轻时就很有抱负，每次和好友刘琨谈论时局，总是慷慨激昂、满怀义愤。为了报效国家，他们在半夜一听到鸡鸣就披衣起床，拔剑练武，刻苦锻炼。

（二）应用

蹴：踩踏。如《鱼我所欲也》："呼尔而与之，行道之人弗受；蹴尔而与之，乞人不屑也。"

【译文】

范阳人祖逖，年轻时就有大志向，曾与刘琨一起担任司州的主簿，与刘琨同寝，夜半时听到鸡鸣，他踢醒刘琨，说："这并非令人厌恶的叫声。"于是起床舞剑。

闻鸡起舞

诚信

10.魏文侯守信

【导引】

（一）评析

"魏文侯守信"是中国古代历史典故，讲述的是战国时期魏国的魏文侯冒雨赴约的守信故事，从中可以看出魏文侯是一个很守信用的人。这个故事告诉我们做人要诚实守信，答应别人的事一定要努力做到。

（二）要点

1. 实词：期、乐、罢。

2. 虚词：焉、虽、哉。

3. 句子：公将焉之？

　　文侯与虞人①期猎。是日，饮酒乐，天雨②。文侯将出，左右曰："今日饮酒乐，天又雨，公将焉③之④？"文侯曰："吾与虞人期猎，虽乐，岂可不一会期⑤哉？"乃往，身⑥自罢⑦之。

【注释】

①虞人：管理山林的小官员。②雨：下雨。③焉：哪里。④之：至、到。⑤期：指代"与虞人期猎"一事。⑥身：亲自。⑦罢：停止。

【训练】

1. 解释下列句中加点的词。

（1）文侯与虞人期猎　　　（　　　　　）　　（2）是日，饮酒乐　（　　　　　）

（3）虽乐，岂可不一会期哉（　　　　　）　　（4）岂可不一会期哉（　　　　　）

2. 把下列句子翻译成现代汉语。

（1）是日，饮酒乐，天雨。

_____

（2）公将焉之？

_____

（3）虽乐，岂可不一会期哉？

_____

3. 文中的文侯是一个什么样的人？请你联系生活实际谈谈你的感想。

_____

_____

【拓展】

（一）阐发

"是日，饮酒乐，天雨。"

魏文侯为履行期猎约定而亲自停止宴席，冒雨前往，可见其言而有信。如晋文公讨伐原国，与士约定七日为期，七日到，可是原没有被攻下，就下令撤离了原国。晋文公讲求诚信，赢得人和。第二年再次讨伐原国就攻下了，卫人听闻这件事，把文公的信誉看作是至高境界，于是就归顺了文公。这就是所谓"攻原得卫"。

（二）应用

期：约定的日期。如《史记·陈涉世家》："会天大雨，道不通，度已失期。"又如《促织》："死期至矣。"

身：（1）人或动物的躯干。如《国殇》："首身离兮心不惩。"又如《狼》："身已半入，止露尻尾。"（2）自身、本身、自己。如《师说》："于其身也，则耻师焉。"（3）亲自。如《隆中对》："将军身率益州之众出于秦川。"（4）一生、生命。如《五人墓碑记》："一旦抵罪，或脱身以逃。"（5）通"娠"，身孕。如《与妻书》："且以汝之有身也，更恐不胜悲。"

（三）博观

晋文公伐原①，与士②期七日。七日而原不下，命去之。谋士言曰："原将下矣，师吏请待之。"公曰："信，国之宝也，得原失宝，吾不为也。"遂去之。明年复伐之，与士期必得原，然后返，原人闻之，乃下。卫人闻之，以文公之信为至矣，乃归文公。故曰"攻原得卫者"，此之谓也。文公非不欲得原也，以不信得原，不若勿得也。必诚信以得之，归之者非独卫也。文公可谓知求欲矣。凡人主必信，信而又信，谁人不亲？……非信则百事不满也。故信之为功大矣。（选自《吕氏春秋》）

注释：

①原：古国名。②士：兵士。

【译文】

文侯与虞人约定日期去打猎。这天，文侯饮酒取乐，天下起雨。文侯将要外出（赴约），近臣说："今天饮酒取乐，天又下雨，您将要到哪里去呢？"文侯说："我与虞人约定日期打猎，虽然饮酒感到快乐，难道可以不去赴那约定的（打猎之事）？"

文侯于是前往，亲自停止了自己的酒宴。

11.曾子杀彘

【导引】

（一）评析

曾子的妻子因孩子在集市上哭闹便许诺孩子回家杀猪，于是曾子回家把猪杀了给孩子吃。故事表达了做人要诚实守信的道理。文中曾子用言行告诉人们：对待孩子，更要言而有信，身教重于言教。推而广之，为父母者都应该像曾子那样讲究诚信，用自己的行动做表率。

（二）要点

1. 实词：顾、适、戏。

2. 虚词：特、而、遂。

3. 句子：子而不信其母，非所以成教也。

曾子①之妻之②市，其子随之而泣。其母曰："女③还，顾反④为女杀彘。"妻适⑤市来，曾子欲捕彘杀之。妻止之曰："特⑥与婴儿戏耳。"曾子曰："婴儿非与戏也。婴儿非有知⑦也，待⑧父母而学者也，听父母之教。今子欺之，是⑨教子欺也。母欺子，子而⑩不信其母，非所以⑪成教也。"遂烹彘也。

【注释】

①曾子（前505—前434）：名参，字子舆，春秋时鲁国人，与其父曾点同师孔子，是中国著名的思想家、儒家学派的重要代表人物，被后世尊奉为"宗圣"。②之：到。③女：通"汝"，你。④反：通"返"，返回。⑤适：往、到。⑥特：只、不过。⑦知：通"智"，智慧。⑧待：依靠。⑨是：这是。⑩而：如果。⑪所以：用来……的。

【训练】

1. 解释下列句中加点的词。

（1）顾反为女杀彘（　　　　　　　）　　（2）妻止之曰（　　　　　　　）

（3）特与婴儿戏耳（　　　　　　　）　　（4）今子欺之（　　　　　　　）

2. 把下列句子翻译成现代汉语。

（1）曾子之妻之市，其子随之而泣。

（2）妻止之曰："特与婴儿戏耳。"

_____

（3）子而不信其母，非所以成教也。

_____

3. 请你联系生活实际，谈谈你对"曾子杀彘"这一故事的想法。

_____

_____

【拓展】

（一）阐发

父母是子女的第一任启蒙老师，父母的言行对子女将来的成长起很大的作用。有识见的家长在孩子面前处处以身作则，以培养他们良好的品德。

本文选自《韩非子》。

（二）应用

而：（1）又。如《劝学》："蟹六跪而二螯，非蛇鳝之穴无可寄托者。"（2）并且、而且。如《屈原列传》："楚怀王贪而信张仪，遂绝齐。"（3）但是、却。如《六国论》："有如此之势，而为秦人积威之所劫。"（4）如果、假如。如《清稗类钞》："诸君而有意，瞻予马首可也。"（5）好像、如同。如《察今》："军惊而坏都舍。"

【译文】

曾子的妻子到集市上去，她的孩子跟随着她而哭泣。孩子的母亲说："你回去，回头我回来给你杀猪吃。"曾子的妻子到集市后回来，曾子就要捉猪杀猪。曾子的妻子劝阻他说："不过和孩子开玩笑罢了。"曾子说："孩子是不可以和他开玩笑的啊！孩子是没有智慧（思考辨别你的话的真假）的，依靠父母并学习（父母的言行），听从父母的教导。现在你欺骗孩子，这（是）在教孩子欺骗（别人）。母亲欺骗孩子，孩子如果不相信他的母亲了,（这）不是用来成为教育（孩子的方法）啊！"于是（杀猪）煮猪肉（给孩子吃）。

12.陈太丘与友期

【导引】

（一）评析

《陈太丘与友期》记述了陈元方与来客对话时的场景，告诫人们处事要讲诚信，为人要方正；同时赞扬了陈元方维护父亲尊严的责任感和无畏精神。

做人有方，行事有则，乾之道也。

《象》曰："蒙以养正，圣功也。"（语出《周易·蒙》）启蒙用来教化人的正直品格，这是圣人的功德啊。

《礼记·学记》有云："玉不琢，不成器；人不学，不知道。是故古之王者，建国君民，教学为先。《兑命》曰：'念终始典于学。'其此之谓乎！"玉石如果不加琢磨，就不会成为可用之器；人如果不通过学习，就不会明白人生宇宙的各种道理。因此古代的君主在建立国家、统治百姓的时候，总是把教育放在首要的位置。《尚书》的《兑命》篇说："要始终如一地注重学习。"说的就是这个道理。

陈元方虽年少，但对"无信""无礼"的人正色批评，令人敬畏。有其子必有其父，从陈元方的年幼不凡可以看到陈太丘的为人和修养。

另：文中"君""家君""尊君"的称谓有所不同。"尊君"是敬辞，是对别人父亲的一种尊称；"家君"是谦辞，是对别人言说时称自己的父亲；君是对别人的尊称。

（二）要点

1. 实词：期、去、委。

2. 虚词：乃、则。

3. 句子：非人哉！与人期行，相委而去。

陈太丘①与友期②行，期日中③。过中不至，太丘舍④去，去后乃⑤至。

元方⑥时年七岁，门外戏。客问元方："尊君在不⑦？"答曰："待君久不至，已去。"友人便怒曰："非人哉！与人期行，相⑧委而去。"元方曰："君⑨与家君⑩期日中。日中不至，则是无信；对子骂父，则是无礼。"

友人惭，下车引⑪之。元方入门不顾。

【注释】

①陈太丘：陈寔（shí），字仲弓，东汉颍川许（今河南许昌）人，做过太丘县令。太丘，县名。②期：约定。③日中：正午时分。④舍：舍弃、放弃。⑤乃：才。⑥元方：陈纪，字元方，陈寔的长子。⑦不（fǒu）：不，通"否"，句末语气词。⑧相：表示动作偏指一方，此处指代"我"。⑨君：您。⑩家君：家父。谦辞，对他人称自己的父亲。⑪引：拉。

【训练】

1. 解释下列句中加点的词。

（1）陈太丘与友期行（　　　　　　　）　　（2）太丘舍去　　（　　　　　　　）

（3）相委而去　　　（　　　　　　　）　　（4）元方入门不顾（　　　　　　　）

2. 把下列句子翻译成现代汉语。

（1）期日中。过中不至，太丘舍去。

_____

（2）非人哉！与人期行，相委而去。

_____

（3）日中不至，则是无信；对子骂父，则是无礼。

_____

3. 选文文字简短，但故事情节完整且微有波澜。作者对陈太丘、元方、友等三人或语言、或动作的刻画，使得人物形象丰富，呈现出鲜明的个性。请选择其中的某一位，结合文本分析。

_____

【拓展】

（一）阐发

有人说元方最后"入门不顾"是失礼行为。

从年龄的角度来说，我们可以把元方的这种态度和行为理解为孩子对友人不守信、不礼貌行为的鄙视，决绝的态度显示了元方正直不阿的风骨。

但是，元方懂礼识义，那么在"友人惭，下车引之"的情况下就应该胸怀大度予以谅解。宽容是为人处世之态度与准则。儒之进取，方论宽容，宽容是为人处世之风度与修为。活得从容，方有雅量。或许，高旷雅量更能体现出陈寔时代的魏晋风度。

《陈太丘与友期》出自南朝刘义庆编写的《世说新语》。《世说新语》全书原 8 卷，分为德行、言语、政事、文学、方正、雅量等 36 门类，本书第三章的《咏雪》选自"言语"一门类，《陈太丘与友期》选自"方正"一门类。

古代小说所记大多是传闻、逸事，以短篇为主，在写法上一般都是直叙其事。《世说新语》是中国古代志人笔记的巅峰之作，它简短的语言中蕴含着深刻的道理，值得我们去了解这一民族瑰宝。

（二）应用

且：（1）将、将要。如《游褒禅山记》："有怠而欲出者，曰：'不出，火且尽。'"又如《鸿门宴》："且为之奈何？""若属皆且为所虏。"（2）暂且、姑且。如《石壕吏》："存者且偷生，死者长已矣！"又如《孔雀东南飞》："誓不相隔卿，且暂还家去。"

且夫：句首助词，表示下文是更进一步的议论，译为"况且""再说"。如《过秦论》："且夫天下非小弱也，雍州之地，殽函之固，自若也。"又如《赤壁赋》："且夫天地之间，物各有主。"再如《报任安书》："且夫臧获婢妾，犹能引决，况仆之不得已乎。"

且如：就像。如《兵车行》："且如今年冬，未休关西卒。"

（三）博观

范式，字巨卿，与汝南张劭为友。二人并游太学，后告归乡里。式谓元伯曰："后二年当还，将过拜尊亲，见孺子焉。"乃共克①期日。后期方至，元伯具以白②母，请设馔以候之。母曰："二年之别，千里结言，尔何敢信之审③邪？"曰："巨卿信士，必不乖违④。"母曰："若然，当为尔酝酒。"至其日，巨卿果到。升堂拜饮，尽欢而别。（选自《后汉书》）

注释：

①克：约定。②白：告诉。③审：确实。④乖违：做事不合情理，违背。

【译文】

陈太丘和朋友约定日期出行，约定正午时分（见面）。过了正午友人没有到，陈太丘抛下（友人）离开了，离开后友人才到。

元方当时年仅七岁，在门外玩耍。宾客询问元方："你的父亲在吗？"元方回答说："等候您很久您却没有到，已经离开了。"友人就恼怒地说："不是君子啊！和友人约定日期出行，抛下我却离开了。"元方说："您与我父亲约定正午。到了正午没有到，就是没有信用；对着孩子骂他的父亲，就是没有礼貌。"

友人感到惭愧，下车去拉元方。元方走进大门没有回头。

日积月累（2）

成语中的文言知识

一、古今异义

1. 短兵相接　　　古义：兵器；今义：战士。

2. 破涕为笑　　　古义：泪；今义：鼻涕。

3. 走马观花　　　古义：跑；今义：行走。

4. 赴汤蹈火　　　古义：开水；今义：煮东西的汁水。

5. 身体力行　　　古义：亲身经验；今义：人体。

6. 形容枯槁　　　古义：身体和面容；今义：描述。

7. 大家闺秀　　　古义：富贵人家；今义：所有的人、著名的专家。

8. 阡陌交通　　　古义：交错相通；今义：各种运输和邮电通信的总称。

9. 学而不厌　　　古义：满足；今义：讨厌。

10. 爱莫能助　　　古义：同情、怜惜；今义：喜爱、热爱。

11. 不假思索　　　古义：凭借、依靠；今义：与"真"相对。

12. 不速之客　　　古义：招致，引申为邀请；今义：迅速。

13. 吊民伐罪　　　古义：慰问；今义：悬挂。

14. 城门失火，殃及池鱼　　　古义：护城河；今义：池塘。

二、通假字

1. 被发文身："被"通"披"　　　2. 厉兵秣马："厉"通"砺"

3. 一暴十寒："暴"通"曝"　　　4. 拨乱反正："反"通"返"

5. 厝火积薪："厝"通"措"　　　6. 一唱百和："唱"通"倡"

7. 春华秋实："华"通"花"　　　8. 信口开河："河"通"合"

9. 图穷匕见："见"通"现"　　　10. 受益匪浅："匪"通"非"

三、一词多义

1. 备：德才兼备（具备，具有）；关怀备至（周到，尽）；戒备森严（防备）

2. 兵：短兵相接（兵器）；兵强马壮（士兵，军队）；兵贵神速（用兵策略）

3. 达：四通八达（通达）；通宵达旦（到达）；达官贵人（显达）

4. 当：势不可当（抵挡）；首当其冲（对着，面对）；安步当车（当作）

5. 负：负隅顽抗（依仗，凭借）；忘恩负义（背弃）；不分胜负（失败）

6. 故：故步自封（与新相对）；非亲非故（老朋友）；明知故犯（故意）

7. 顾：顾影自怜（回头看）；三顾茅庐（拜访）；奋不顾身（考虑）

8. 疾：讳疾忌医（疾病）；疾恶如仇（痛恨）；疾风知劲草（强，猛）

9. 举：举足轻重（抬起）；选贤举能（推荐）；举国上下（全）

10. 名：不可名状（说出）；不名一钱（占有）；沽名钓誉（名声，名望）

11. 如：自愧弗如（比得上）；称心如意（适合）；突如其来（然，词尾）

12. 胜：略胜一筹（超过）；美不胜收（尽）；引人入胜（优美的景色）

13. 务：不务正业（致力，从事）；不急之务（事务，事情）；除恶务尽（必须）

14. 相：相机行事（鉴别，审察）；开诚相见（偏指一方）；肝胆相照（互相）

15. 于：青胜于蓝（比）；受制于人（被）

16. 与：与人为善（赞成）；与日俱增（跟着，随着）；欲取姑与（给予）

17. 以：以己度人（用）；以貌取人（凭）；以讹传讹（拿，把）

18. 因：因人成事（依靠）；因利乘便（凭借，依靠）；因材施教（根据）

四、成语中的文言实词释义

不易（改变）之论　　　　不刊（删改）之论　　　　不过尔尔（如此）

无可适（去）从　　　　　以己度（推测）人　　　　质（询问）疑问难

登峰造（至）极　　　　　怨天尤（责怪）人　　　　缘（攀缘）木求鱼

引（拉长）吭高歌　　　　寡廉鲜（少）耻　　　　　家徒（只有）四壁

尸位素（白）餐　　　　　不学无术（本领）　　　　如释（放下）重负

不速（邀请）之客　　　　不期（约定）而遇　　　　文（掩饰）过饰非

出类拔（超出）萃　　　　蔚为大观（景象）　　　　寄（依附）人篱下

择居

13.芝兰之室

【导引】

(一)评析

"故近朱者赤,近墨者黑;声和则响清,形正则影直。"(语出晋·傅玄《太子少傅箴》)与什么样的人相处常常会影响到自己的处世态度。可见在我们的人生发展过程中,与什么样的朋友交往是需要谨慎考虑的。

"蓬生麻中,不扶自直;白沙在涅,与之俱黑。"(语出《荀子·劝学》)人文环境对个人的成长及品格的养成至关重要。善于学习的人会很谨慎地选择自身所处的生活环境,如孟母三迁的故事告诉我们:良好的生活环境对于孩子的成长和学习是非常重要的。

(二)要点

1. 实词:居、化、慎。

2. 虚词:而、是以、焉。

3. 句子:丹之所藏者赤,漆之所藏者黑。

与善人①居,如入芝兰之室,久而不闻其香,即与之化②矣。与不善人居,如入鲍鱼之肆③,久而不闻其臭,亦与之化矣。丹④之所藏者赤,漆⑤之所藏者黑,是以⑥君子必慎⑦其所与处者焉。

【注释】

①善人:品德高尚的人。②化:同化。③鲍鱼之肆:卖渍鱼的店铺,也比喻小人集聚的地方。鲍鱼,渍鱼、咸鱼。④丹:丹砂,矿物名,红色。⑤漆:油漆。⑥是以:因此。⑦慎:谨慎。

【训练】

1. 解释下列句中加点的词。

(1)久而不闻其香(　　　　)　　(2)如入鲍鱼之肆　　　　(　　　　)

(3)丹之所藏者赤(　　　　)　　(4)是以君子必慎其所与处者焉(　　　　)

2. 把下列句子翻译成现代汉语。

（1）久而不闻其香，即与之化矣。

_____

（2）丹之所藏者赤，漆之所藏者黑。

_____

3. 为了表达"君子必慎其所与处者"的观点，文章采用了什么写作手法？

_____

_____

4. 结合"孟母三迁"的材料，联系你的生活实际，谈谈你阅读《芝兰之室》后的感受。

_____

_____

【拓展】

（一）阐发

芝草和兰草皆香草名，古时比喻君子德操之美或友情、环境的美好等。

本文选自《孔子家语·六本》。《孔子家语》又名《孔氏家语》，或简称《家语》，儒家类著作，是一部记录孔子及孔门弟子思想言行的著作。

（二）应用

肆：（1）陈列、陈设。如《杂诗》："觞弦肆朝日，樽中酒不燥。"（2）工作坊。如《论语·子张》："百工居肆以成其事。"（3）店铺。如《训俭示康》："卿为清望官，奈何饮于酒肆？"（4）放肆。如《答韦中立论师道书》："参之《庄》《老》以肆其端。"

【译文】

和品德高尚的人相处，如同进入了（摆放）芳草香花的房间，时间长了反而闻不到芳草香花的香味，就是自己和香味同化了。和品行不端的人交往，如同进入了（堆放）臭咸鱼的店铺，时间长了反而闻不到咸鱼的臭味了，也是自己与臭味同化了。藏朱砂的地方就是红色的，藏油漆的地方就是黑色的，因此君子必定谨慎地（选择）那些与他相处的人与环境。

14. 孟母三迁

【导引】

（一）评析

这个故事告诉我们良好的人文环境对个人的成长和品格的养成是十分重要的。

社会环境对一个人特别是青少年的成长有直接的感染、熏陶作用。

（二）要点

1. 实词：嬉、处。

2. 虚词：复、遂。

3. 句子：此非吾所以处子也。

孟子幼时，其舍①近墓，常嬉为墓间之事②。其母曰："此非吾所以③处子也。"遂迁居④市旁。孟子又嬉为贾人⑤衒卖⑥之事。母曰："此又非所以处吾子也。"复徙⑦居学宫之旁。孟子乃嬉为俎豆⑧揖让进退⑨之事，其母曰："此可以处吾子矣。"遂⑩居焉。

【注释】

①舍：屋舍。②墓间之事：指埋葬、祭扫死人一类的事。③所以：用来……的。④迁居：搬家。⑤贾（gǔ）人：商贩。⑥衒卖：夸耀着叫卖。⑦徙：迁移。⑧俎豆：古代祭祀用的两种盛器，此指祭礼仪式。⑨揖让进退：打躬作揖、进退朝堂等古代宾主相见的礼仪。揖，作揖。⑩遂：终于。

【训练】

1. 解释下列句中加点的词。

（1）其舍近墓（　　　　　）　　（2）为墓间之事　（　　　　　　）

（3）迁居市旁（　　　　　）　　（4）复徙居学宫之旁（　　　　　　）

2. 把下列句子翻译成现代汉语。

（1）其舍近墓，常嬉为墓间之事。

_____

（2）其母曰："此非吾所以处子也。"

_____

（3）又嬉为贾人衒卖之事。

_____

3. 结合文本中孟母的行为，请你联系生活实际谈谈读了"孟母三迁"后的感受。

_____

_____

【拓展】

（一）阐发

"孟母三迁"表明人应该及时远离不利于个体成长的环境，在合适的时机接近好的人、事、物，才能学到好的行为习惯。

"《象》曰：山下有险，险而止。'蒙亨'，以亨行时中也。"（语出《周易·蒙》）大意为：山下有险之象，遇险而止。蒙昧而亨通，因为亨行于合适的时机。

"孟母三迁"现在也用来指父母用心良苦。孟子后来成为大学问家，与社会环境对他的熏陶、感染有很大关系。

本文出自西汉刘向的《烈女传》。

（二）应用

舍：（1）客舍、旅馆。如《〈指南录〉后序》："二贵酋名曰馆伴，夜则以兵围所寓舍。"（2）房舍、屋舍。如《送元二使安西》："客舍青青柳色新。"（3）住宿、居住。如《游褒禅山记》："唐浮图慧褒始舍于其址，而卒葬之。"（4）使……住宿、安排住宿。如《廉颇蔺相如列传》："舍相如广成传舍。"（5）谦称自己的亲属，用在表示亲属关系的名词前。如"舍亲""舍弟"等。

【译文】

孟子年幼时，他家靠近墓地，他经常玩耍时做一些埋葬、祭扫死人一类的事。他的母亲说："这不是我用来安顿儿子的地方。"于是搬家到集市旁边，孟子又在玩耍时候做商人夸耀着叫卖的事。母亲说："这也不是我用来安顿儿子的地方。"又搬家到学堂旁边。孟子就在玩耍时候模仿打躬作揖、进退朝堂的礼仪，他的母亲说："这里可以用来安顿我的儿子。"终于定居在那里。

15.邴原泣学

【导引】

（一）评析

幼年即孤的邴原，几岁时经过学堂，听到琅琅的读书声于是禁不住哭泣，"一则羡其不孤，二则慕其得学"。老师问清原委后，"徒相教，不须资也"。读来令人动容，同时也提醒我们要思考今天的学习环境与学习状态，珍惜年华，珍惜读书的机会。

（二）要点

1. 实词：孤、羡、感伤。

2. 虚词：何以、故、卒。

3. 句子：苟欲学，吾徒相教，不须资也。

邴原，三国时魏人也。数①岁时，过书舍，闻琅琅声，遂不禁而泣。师曰："童子何以泣？"原曰："凡得②入舍而学者，有亲也。"师问其故，原曰："吾少而孤。

一则羡其不孤，二则慕其得学，中心③感伤，故泣耳。"师恻然④久之，曰："苟⑤欲学，吾徒相⑥教，不须资也。"原于是入舍就学，卒成国士⑦。

【注释】

①数：几。②得：能够。③中心：内心。④然：……的样子。⑤苟：如果。⑥相：你。⑦国士：国中才能最优秀的人物。

【训练】

1. 解释下列句中加点的词。

（1）遂不禁而泣（　　　　　　）　　（2）童子何以泣（　　　　　　　　　）

（3）中心感伤　（　　　　　　）　　（4）吾徒相教　（　　　　　　　　　）

2. 把下列句子翻译成现代汉语。

（1）数岁时，过书舍，闻琅琅声，遂不禁而泣。

_____

（2）"中心感伤，故泣耳。"师恻然久之。

_____

（3）原于是入舍就学，卒成国士。

_____

3. 本文叙述有过程且层次清晰，对话描写精彩，使邴原和老师的人物形象栩栩如生。请选择其中一人说说你的感受。

_____

_____

【拓展】

（一）阐发

文章用顺叙的记叙方式，把邴原幼小而孤、家贫、泣而求学，老师恻然而"徒相教"的场面完整呈现，一个泣而求学的幼童形象活灵活现地呈现在我们面前。对话描写读来令人陡生恻隐之感。

（二）应用

徒：（1）徒步、步行。如《复庵记》："自京师徒步入华山为黄冠。"（2）党徒、同一类人。如《论积贮疏》："有勇力者聚徒而衡击。"（3）门徒、弟子、学生。如《齐桓晋文之事》："仲尼之徒无道桓文之事者。"（4）役徒、被罚服役的人。如《过秦论》："陈涉瓮牖绳枢之子，甿隶之人，而迁徙之徒也。"（5）空、白白地。如《长歌行》："少壮不努力，老大徒伤悲。"又如《孔雀东南飞》："妾不堪驱使，徒留无所施。"（6）只、仅仅。如《廉颇蔺相如列传》："强秦之所以不敢加兵于赵者，徒以吾两人在也。"

【译文】

邴原，三国时期魏国人。几岁时，经过学堂，听到琅琅的读书声，于是禁不住小声哭。老师说："孩子为什么哭啊？"邴原说："凡是能进入学堂学习的人，都有父母。"老师询问其中的原因,邴原说："我从小失去了父母。一是羡慕他们不是孤儿，二是羡慕他们能够学习，我心中很伤感悲哀，所以哭泣。"老师悲痛了很久，说："如果想要学习，我可以免资教你，不需要费用了。"邴原于是进入学堂学习，最终成为国家的杰出人才。

16.鲁人徙越

【导引】

（一）评析

本文讲述了一个善于做麻鞋、妻子又擅长编织白绢的鲁国人想要迁徙到越国生活的故事。

这则寓言构思巧妙，以"善织屦"与"跣行"相对,以"善织缟"与"被发"相对。如此"欲使无穷，其可得乎"的结论便水到渠成，使读者在哑然失笑之余对其所诉之理心悦诚服。

但鲁人的思考也不无道理。

（二）要点

1. 实词：徙、游、穷。

2. 虚词：而、以、其。

3. 句子：屦为履之也，而越人跣行；缟为冠之也，而越人被发。

鲁人身①善织屦，妻善织缟②，而欲徙于越③。或谓之曰："子必穷矣。"鲁人曰："何也？"曰："屦为履之也，而越人跣行；缟为冠之也，而越人被④发。以子之所长，游⑤于不用之国，欲使无穷⑥，其可得乎？"鲁人对曰："夫不用之国，可引⑦而用之，其用益广，奈何穷也？"

【注释】

①身：自身、自己。②缟（gǎo）：古代的一种白绢，周人用缟做帽子。③越：春秋时越国，今浙江一带。④被：通"披"。⑤游：外出求学、求官或生活。⑥穷：生活困难。⑦引：引导、率领。

【训练】

1. 解释下列句中加点的词。

（1）鲁人身善织屦（　　　　　　　　）　（2）而欲徙于越（　　　　　　　　）

（3）屦为履之也　（　　　　　　　　）　（4）其可得乎　（　　　　　　　　）

2. 把下列句子翻译成现代汉语。

（1）或谓之曰："子必穷矣。"

_____

（2）屦为履之也，而越人跣行；缟为冠之也，而越人被发。

_____

（3）夫不用之国，可引而用之，其用益广，奈何穷也？

_____

3. 鲁人与"那人"的话，似乎都很有道理。请结合你的生活感悟谈谈你的看法。

_____

【拓展】

（一）阐发

本文出自战国哲学家、思想家、政论家和散文家韩非的《韩非子·说林上》。这则故事给我们的启示应该是多方面的。

一是凡做一事，必先制订行动计划，必先做调查研究。从实际出发根据实际需要来确定行动计划，万不可纯凭主观，心血来潮，莽撞从事。

二是要做好一件事情必须调查研究，分析客观事实，使自己的主观愿望和专长适合客观实际的需要；否则，弃己之所长，就会把事情办糟或者遭受"所长无所用"的困苦。

三是只凭才能和主观上的愿望、热情，而不考虑客观条件是很难成功的，必须使自己的主观愿望和专长适合实际需要，依据客观可行的条件去制订计划、开展行动。

四是做事要从多方面考虑，若永远循规蹈矩，就不会有创新。

（二）应用

穷：（1）阻塞不通、走投无路。与"通"相对。如《〈指南录〉后序》："穷饿无聊，追购又急。"（2）不得志、不显贵。与"达"相对。如《涉江》："吾不能变心以从俗兮，固将愁苦而终穷。"（3）穷尽、用尽。如《赤壁赋》："哀吾生之须臾，羡长江之无穷。"（4）穷究、追究到底。如《桃花源记》："复前行，欲穷其林。"（5）生活困难。如《战国策·齐策四》："振困穷，补不足。"

【辨析】

贫、穷。在古代，缺乏衣食钱财叫"贫"。不得志，没有出路叫"穷"。"困""穷"连用时，包含有"贫穷"的意思。

【译文】

鲁国有个自己擅长编织麻鞋的人，妻子擅长编织白绢，可是想要迁徙到越国。有人告诉他说："你必定会陷入困境的。"鲁人问："为什么呢？"那人说："麻、葛类是制鞋之物，但是越国人光脚走路（不穿鞋）；白绢是做帽子用的，但是越国人披发（不戴帽子）。凭借你们的特长，在不需要（你们特长的）国家里生活，想要不穷困，难道可能吗？"鲁国人回答说："要知道不用（我们特长）的国家，可以引导他们穿鞋戴帽，它们的用处更加广泛，怎么会陷入困境呢？"

17.凿壁借光

【导引】

（一）评析

本文讲述的是西汉匡衡勤学苦读最终成为大学问家的故事。匡衡家里很穷，晚上读书又没有蜡烛，于是在墙壁上凿洞引进邻家的烛光，用书映照着烛光而读书。通过这个故事，我们感受到匡衡发奋读书的那一份渴望与毅力。

（二）要点

1. 实词：逮、偿、感叹。

2. 虚词：而、以。

3. 句子：主人感叹，资给以书，遂成大学。

匡衡，字稚圭，勤学而①无烛，邻舍有烛而不逮②，衡乃穿③壁引其光，以书映光而读之。邑人④大姓⑤文不识⑥，家富多书，衡乃与⑦其佣作⑧而不求偿。主人怪⑨问衡，衡曰："愿⑩得主人书遍读之。"主人感叹，资给以书，遂成大学⑪。

【注释】

①而：可是，但是。②逮：到达、及。③穿：打洞。④邑人：同乡人。⑤大姓：大户、大家族。⑥文不识：邑人的名字，姓文名不识。⑦与：给。⑧佣作：受雇佣劳作。⑨怪：以……为怪；认为……是奇怪的。⑩愿：希望。⑪大学：大学问家。

【训练】

1. 解释下列句中加点的词。

（1）邻舍有烛而不逮 （   ）   （2）衡乃与其佣作而不求偿（   ）

（3）愿得主人书遍读之（   ）   （4）资给以书 （   ）

2. 下列"而"字的用法与其他三项不同的一项是（   ）。

A. 勤学而无烛   B. 邻舍有烛而不逮

C. 以书映光而读之   D. 衡乃与其佣作而不求偿

3. 把下列句子翻译成现代汉语。

（1）衡乃穿壁引其光，以书映光而读之。

_____

（2）衡乃与其佣作而不求偿。主人怪问衡。

_____

（3）主人感叹，资给以书，遂成大学。

_____

4. 结合今天的学习环境，请你谈谈对于匡衡求学的感想。

_____

_____

【拓展】

（一）阐发

匡衡的成材几乎没有任何背景，一是靠寒窗苦读，二是获得了同乡大户人家的有力资助。

《周易·序卦》说："物生必蒙，故受之以蒙。蒙者，蒙也，物之稚也。物稚不可不养也，故受之以需。"意指万物刚生下来必定都是蒙昧的，蒙就是蒙昧，亦即万物在稚小的时候不可以不养育。

后来匡衡凭借对《诗经》的深刻理解得到世人的推重而闻名于世。汉元帝非常喜爱儒学，尤好《诗经》，他曾多次召匡衡至御书房讲解，对匡衡的学问赞赏有加。匡衡因此一路青云直上，做到了丞相的高官，可谓位极人臣。

本故事出自东晋葛洪的《西京杂记》。

《西京杂记》是中国古代历史笔记小说集，其中的"西京"指的是西汉的首都长安。该书写的是西汉的杂史。既有历史也有西汉的许多遗闻逸事。

（二）应用

佣：（1）受雇佣，出卖劳动力。如《史记·陈涉世家》："陈涉少时，尝与人佣耕，辍耕之垄上。"又如上文中的"衡乃与其佣作而不求偿。"（2）通"庸"，平庸、不高明。如《荀子·非相》："善者于是间也，亦必远举而不缪，近世而不佣，与时迁徙，与世偃仰。"

【译文】

匡衡，字稚圭，勤奋好学，但是家中没有蜡烛用以照明，邻家有烛光，可是光亮照不到他家，匡衡就在墙壁上凿洞引进邻家的烛光，用书映照着烛光而读书。同乡大户人家有个文不识，家中富裕还有很多书，匡衡就去给他家做帮佣劳作，但是不求报酬。主人对此感到奇怪问他，匡衡说："希望得到主人家藏书全部读到。"主人感动慨叹，把书借给他，匡衡终于成为大学问家。

凿壁借光

品性

18.君子之学

【导引】

（一）评析

君子的学习是听到耳朵里牢记在心里并表现在形体举止上。普通人的学习是从耳朵听进去却又从口中说了出去。本文将"君子之学"和"小人之学"进行正反对比论证，告诉我们要像君子那样静心好学，并外化为言语详审举止儒雅，使自己具有美好的品德和修养。

（二）要点

1. 实词：箸、动静、端。

2. 虚词：乎、而、以。

3. 句子：端而言，蠕而动，一可以为法则。

君子之学也，入乎^①耳，箸^②乎心，布^③乎四体^④，形^⑤乎动静^⑥。端而言^⑦，蠕而动^⑧，一可以为法则^⑨。小人^⑩之学也，入乎耳，出乎口。口耳之间则四寸耳^⑪，曷^⑫足^⑬以美^⑭七尺之躯哉？

【注释】

①乎：通"于"，引出动作的处所、时间和对象，可译为"到""在""从""向""对于"等。②箸（zhuó）：通"著"，附着。③布：分布、表现。④四体：四肢。这里指行为举止。⑤形：表现。⑥动静：动作、举止。⑦端而言：精深微妙的言语。端，详审。⑧蠕而动：儒雅文气的举止。蠕（rú），泛指微动的样子。⑨法则：准则、标准。⑩小人：识见浅狭的人。⑪耳：而已，罢了。⑫曷（hé）：怎么、为什么。⑬足：够得上、值得。⑭美：使……美。

【训练】

1. 解释下列句中加点的词。

（1）入乎耳 （　　　　　） 　（2）端而言 （　　　　　　　）

（3）一可以为法则（　　　　　） 　（4）口耳之间则四寸耳（　　　　　　）

2. "动静"的古今义。

古义：＿＿＿＿＿＿＿＿；今义：＿＿＿＿＿＿＿

3. 把下列句子翻译成现代汉语。

（1）布乎四体，形乎动静。

＿＿＿＿＿＿＿＿＿＿＿＿＿＿＿＿＿＿＿＿＿＿＿＿＿＿＿＿＿＿＿＿＿

（2）端而言，蠕而动，一可以为法则。

＿＿＿＿＿＿＿＿＿＿＿＿＿＿＿＿＿＿＿＿＿＿＿＿＿＿＿＿＿＿＿＿＿

（3）曷足以美七尺之躯哉？

＿＿＿＿＿＿＿＿＿＿＿＿＿＿＿＿＿＿＿＿＿＿＿＿＿＿＿＿＿＿＿＿＿

4. 本文的一大特色是正反对比论证。这种方法可以增强论证的鲜明性，使读者清楚作者赞成什么、反对什么。请你说说本文的观点是如何得到论证的。

＿＿＿＿＿＿＿＿＿＿＿＿＿＿＿＿＿＿＿＿＿＿＿＿＿＿＿＿＿＿＿＿＿

＿＿＿＿＿＿＿＿＿＿＿＿＿＿＿＿＿＿＿＿＿＿＿＿＿＿＿＿＿＿＿＿＿

【拓展】

（一）阐发

本文选自《荀子》。《荀子》是战国末年著名唯物主义思想家荀况（荀子）的著作。该书旨在总结当时学术界的百家争鸣和荀子自己的学术思想，反映唯物主义自然观、认识论思想以及荀况的伦理、政治和经济思想。荀子（约前313—前238），名况，战国后期赵国人，时人尊称为荀卿，汉时称为孙卿，故此书又称《孙卿对书》或《孙卿子》。

（二）应用

曷：（1）何、什么。如《五人墓碑记》："蹈死不顾，亦曷故哉。"（2）怎么、为什么。如《归去来兮辞》："寓形宇内复几时，曷不委心任去留。"（3）通"盍"，何不、为什么不。如《诗经·有杕之杜》："中心好之，曷饮食之。"（4）岂、难道。如《荀子·强国》："曷若是而可以持国乎？"

【译文】

君子的探究学问啊，进入耳朵，附着在内心，表现在行为，体现在举止。（他）精深微妙的言语，温文尔雅的举止，全可以用来作为准则。学识浅陋者的寻求学问啊，进入耳朵，又从口中出来。口耳之间就是四寸而已，怎么能够用来使自己的七尺之躯美好呢？

19.由俭入奢易，由奢入俭难

【导引】

（一）评析

从节俭节约改变为奢侈浪费很容易，但是从奢侈浪费改变为节俭节约就很困难了。因为习惯了奢侈的生活是很难适应贫穷节俭的日子的。

本文告诉我们的是崇尚节俭的道理。

（二）要点

1. 实词：易、办、图。

2. 虚词：由、莫、则。

3. 句子：由俭入奢易，由奢入俭难。

由俭①入奢②易，由奢入俭难。饮食衣服，若③思得之艰难，不敢轻易费用④。酒肉一餐，可办粗饭⑤几日；纱绢一匹，可办粗衣几件。不馋⑥不寒足矣，何必图好吃好着⑦？常将有日思无日，莫待⑧无时思有时，则⑨子子孙孙常享温饱矣。

【注释】

①俭：节俭。②奢：奢侈。③若：如果。④费用：花费钱财。⑤粗饭：粗茶淡饭。⑥馋：饥饿。⑦着：穿。⑧待：等待。⑨则：那么。

【训练】

1. 解释下列句中加点的词。

（1）由俭入奢易　　（　　　　　）　　（2）何必图好吃好着　　（　　　　　）

（3）常将有日思无日（　　　　　）　　（4）则子子孙孙常享温饱矣（　　　　　）

2. 把下列句子翻译成现代汉语。

（1）由俭入奢易，由奢入俭难。

_____

（2）酒肉一餐，可办粗饭几日；纱绢一匹，可办粗衣几件。

_____

（3）常将有日思无日，莫待无时思有时，则子子孙孙常享温饱矣。

_____

3. 联系诸葛亮《诫子书》中的名句"夫君子之行，静以修身，俭以养德"，谈谈你阅读本文后的感受。

_____

_____

【拓展】

（一）阐发

节俭不仅是个人生活简朴的一种态度，也是以勤俭自持养成高尚品德的一种途径。"《象》曰：'节亨。'"（语出《周易·节》）意为有所节制而得亨通。可见，节俭可养成良好生活习惯且通达人生。在如今这个高消费的时代，重温先贤有关勤俭节约的教诲，很有现实意义。

本文选自周怡的《勉谕儿辈》。

（二）应用

由：（1）经由、从。如《论语·雍也》："谁能出不由户？"又如《狱中杂记》："余在刑部狱，见死而由窦出者，日三四人。"（2）用。如《茅屋为秋风所破歌》："自经丧乱少睡眠，长夜沾湿何由彻。"（3）由于、因为。如《论衡·实知》："知物由学，学之乃知。"（4）原因。如《订鬼》："致之何由？"（5）通"犹"，犹如、如同。如《兰亭集序》："后之视今，亦由今之视昔。"

【译文】

由节俭进入奢侈容易，由奢侈进入节俭困难。饮食衣服等，如果思考过得到这些东西的艰难，不敢轻易地花费钱财了。大酒大肉的一餐（的费用），可以置办粗茶淡饭好几天；绸缎一匹（的花费），可以置办粗布衣服好几件。不挨饿不受冷就满足了，何必贪图好吃好穿呢？经常把拥有的日子想着没有的时候，不要等到没有的时候再想拥有的时候，那么子子孙孙永久地享受温饱了。

20.仁者爱人

【导引】

（一）评析

仁者是充满慈爱之心、满怀爱意的人；仁者是具有大智慧、人格魅力和心地善良的人。

这篇短文告诉我们做人应该有一颗仁爱之心。如果你以一颗爱心待人，收获的也是别人对你的仁爱与尊重。中华优秀传统文化已经成为中华民族的基因植根在中国人内心，潜移默化地影响着中国人的思想方式和行为方式。

（二）要点

1. 实词：异、存、恒。

2. 虚词：于、以。

3. 句子：君子以仁存心，以礼存心。

孟子曰①："君子所以②异于人者，以其存③心也。君子以仁存心，以礼存心。仁者爱人，有礼者敬人。爱人者，人恒爱之；敬人者，人恒敬之。"

【注释】

①曰：说。②所以：……的原因。③存：保有、怀有。

【训练】

1. 解释下列句中加点的词。

（1）君子所以异于人者（   ）　　（2）以其存心也（   ）

（3）君子以仁存心　　（   ）　　（4）人恒敬之　（   ）

2. 把下列句子翻译成现代汉语。

（1）君子所以异于人者，以其存心也。

_____

（2）君子以仁存心，以礼存心。

_____

（3）敬人者，人恒敬之。

_____

3. 结合生活实际，谈谈你阅读本文后的感受。

_____

_____

【拓展】

（一）阐发

中华文化强调"民惟邦本""天人合一"（语出《尚书·五子之歌》）、"和而不同"（语出《论语·子路》）；强调"天行健，君子以自强不息"（语出《周易·乾》）、"大道之行也，天下为公"（语出《礼记》）；强调"天下兴亡，匹夫有责"（语出《日知录·正始》）；主张以德治国、以文化人；强调"君子喻于义""君子坦荡荡""君子义以为质"；强调"言必信，行必果""人而无信，不知其可也"；强调"德不孤，必有邻"（语出《论语》）、"仁者爱人"（语出《孟子·离娄下》）、"与人为善""己所不欲，勿施于人""出入相友，守望相助"（语出《孟子·滕文公上》）、"老吾老，以及人之老；幼吾幼，以及人之幼"（语出《孟子·梁惠王上》）、"不患寡而患不均"（语出《季氏将伐颛臾》）等。像这样的思想和理念，不论过去还是现在，都有其鲜明的民族特色，有其永不褪色的时代价值。

（二）应用

所以：（1）原因、情由。如《文子·自然》："天下有始，莫知其理，唯圣人能知所以。"（2）用以、用来。如《庄子·天地》："是三者，非所以养德也。"（3）连词。表示因果关系，用在下半句，由因及果。如《荀子·哀公》："君不此问，而问舜冠，所以不对。"（4）连词。表示因果关系，用在上半句，由果探因。如《史记·魏公子列传》："胜所以自附为婚姻者，以公子之高义，为能急人之困。"（5）可以。如《周易·乾》："忠信，所以进德也；修辞立其诚，所以居业也。"（6）所作、所为。如《论语·为政》："子曰：'视其所以，观其所由，察其所安。人焉廋哉？人焉廋哉？'"

【译文】

孟子说："君子与常人不同之处的原因，因为他怀有初心。君子用仁保有初心，用礼保有初心。仁爱的人爱别人，礼让的人尊敬别人。爱别人的人，别人也恒久地爱他；尊敬别人的人，别人也恒久地尊敬他。"

21.阳子之宋

【导引】

（一）评析

"天下皆知美之为美，斯恶已；皆知善之为善，斯不善已。""善之与恶，相去若何？"

如果天下人都知晓美的事物是美的，这就显露出丑来了；都知晓善的事物是善的，这就显露出恶来了。善和恶之间，又有多少分别呢？

老子并非要泯去这些相对事项间的界限，也不是要调和二者。他不执着于世俗的美、善，反而要淡化这些过多浸染了人的文饰的价值，因为世俗的美与善没有真正摆脱丑与恶。

老子所追求的实乃万物本真自然之态，不受任何干扰，不做任何改变，同时也不干扰、改变其他事物。

这个故事告诉我们做人要品德高尚，又不会因自己的长处而骄傲。恃才而骄傲被人轻视，贤德而谦虚受人喜爱。

（二）要点

1. 实词：逆旅、贵、贱。

2. 虚词：而、其、安。

3. 句子：行贤而去自贤之行，安往而不爱哉？

阳子^①之宋，宿于逆旅^②。逆旅人有妾二人，其一人美，其一人恶^③，恶者贵^④而美者贱^⑤。阳子问其故，逆旅小子^⑥对曰："其美者自美^⑦，吾不知其美也；其恶者自恶，吾不知其恶也。"阳子曰："弟子记之！行贤而去^⑧自贤之行，安^⑨往而不爱^⑩哉？"

【注释】

①阳子：战国时期的大思想家，也称"杨子""杨朱"。②逆旅：旅店、客栈。③恶：丑，与"美"相对。④贵：被尊重。⑤贱：被轻视。⑥小子：旅店主人。⑦自美：自己认为漂亮。⑧去：除掉、去掉。⑨安：哪里。⑩爱：被喜爱。

【训练】

1. 解释下列句中加点的词。

（1）阳子之宋　　　（　　　　　）　　（2）阳子问其故　　　（　　　　　　）

（3）恶者贵而美者贱（　　　　　）　　（4）行贤而去自贤之行（　　　　　　）

2. 把下列句子翻译成现代汉语。

（1）恶者贵而美者贱。

_____

（2）其美者自美，吾不知其美也。

_____

（3）行贤而去自贤之行，安往而不爱哉！

_____

3. 请你对短文中那个"自美"的人说几句劝告的话。

_____

_____

【拓展】

（一）阐发

本文出自《庄子·山木》。

庄子（约前369—前286），本名庄周，字子休（亦说子沐），宋国蒙人，先祖是宋国君主宋戴公，战国中期著名的思想家、哲学家和文学家，先秦七子之一，道家学派的主要代表人物之一，创立了哲学学派庄学，与老子并称为"老庄"。

"信言不美，美言不信。"（语出《老子·德经·第八十一章》）意为真实可信的话不漂亮，漂亮的话不真实。

"天地有大美而不言。"（语出《庄子·知北游》）万物形态最高的美源于自然，自然是美的源泉。如果想寻求它，得有脱俗于世、超越自我的精神境界。这样才能体会到"大美"，才能做到"不言"而心中自乐。

（二）应用

安：（1）安定、安稳。如《茅屋为秋风所破歌》："风雨不动安如山。"又如《归去来兮辞》："审容膝之易安。"（2）安适、安逸。如《生于忧患，死于安乐》："然后知生于忧患，而死于安乐也。"又如《琵琶行》："予出官二年，恬然自安。"（3）养、奉养。如《曹刿论战》："衣食所安，弗敢专也，必以分人。"又如《论语十则》："老者安之，朋友信之，少者怀之。"（4）抚慰、安抚。如《孔雀东南飞》："时时为安慰，久久莫相忘。"（5）安置、安放。如《失街亭》："离山十里，有王平安营。"（6）怎么、哪里。如《陈涉世家》："燕雀安知鸿鹄之志哉？"（7）哪里。如《鸿门宴》："沛公安在？"

【译文】

杨朱到宋国去，寄宿在旅店。旅店主人有两个妾，其中一个外表美丽，其中一个长相丑陋。长相丑陋的被（店主）看重，但是外表美丽的被（店主）轻视。杨朱询问其中的缘故，旅店主人回答说："那个外表美丽的自己以为美丽（而言行放纵），我没有感觉她美丽；那个长相丑的自己认为丑陋（而言行恭顺），我没有感觉她丑陋。"杨朱说："弟子们记住！品行有德有才且能除掉自认为有才德的行为，到哪里能不受尊重呢？"

日积月累（3）

文言句子的朗读停顿处理

文言文的朗读同样要求读准字音、停顿，读出语气、感情，但又有一些特殊要求和基本方法。

一、读音

（一）"破音"异读，即改变字音来表示词性和词义的变化。如"陈胜王"中"王"读 wàng，动词，为王。

（二）通假异读。如"河曲智叟亡以应"中"亡"读 wú，同"无"；"属予作文以记之"中"属"读 zhǔ，同"嘱"。

（三）古音异读。如"可汗大点兵"中"可汗"读 kè hán；"浩浩汤汤，横无际涯"中"汤汤"读 shāng shāng。

（四）文言虚词一般要轻读，而否定副词"不"、转折连词"而"等则需重读。

二、停顿

（一）整体感知文本内容，读好停顿。

朗读文言文时，要结合文本注释，结合文本中已有的标点符号，基本弄清句意、文意，在此基础上细细体会一个长句中哪个词与哪个词该连在一起读，或不该连在一起读，这样就能大致把握句子内部的自然停顿。

例如："医之好治不病以为功。"（《扁鹊见蔡桓公》）此句在文中之意：医生喜欢给没有大病（的人）治，把（治好病）作为（自己的）功劳。朗读时应在"不病"后停顿，即"医之好治不病 / 以为功"，而不能停在"好治"后。如果读成后者，其句意就成了"医生喜欢治，没有大病（的人）作为（自己的）功劳"，这样就难以理解文句了。

（二）了解文言文词语的特点，读好停顿。

现代汉语中的一些双音节词，在文言文里常常是两个单音节词，词义与现代汉语也有所不同。在文言文里要将两个单音节词分开读，而不能错把它们当成一个词来读。

如"可以已大风"（《捕蛇者说》）中的"可以"是两个词，不同于现代汉语的能愿动词"可以"，朗读时的停顿处理应为"可 / 以已大风"。

又如《曹刿论战》中的"可以一战"，在朗读时的停顿处理应为"可 / 以一战"。

（三）借助语法知识，读出停顿。

借助语法知识分析句子的结构，准确读出句子的停顿。预先判断句子中的某些词或短语在句中各充当什么成分，再借助语法知识的分析准确读出停顿。

1. 主谓之间应稍加停顿。例如：

（1）先帝／不以臣卑鄙（《出师表》）

（2）吾／视其辙乱，望其旗靡（《曹刿论战》）

（3）是／天时不如地利也（《〈孟子〉二章》）

2. 动宾短语中，动宾之间应稍加停顿。例如：

（1）恐／前后受其敌（《狼》）

（2）恐／托付不效（《出师表》）

（3）愿／陛下托臣以讨贼兴复之效（同上）

3. 介宾短语后置的文言句式，朗读时，在其前面应稍加停顿。例如：

（1）愿／陛下托臣／以讨贼兴复之效（《出师表》）

（2）受任／于败军之际，奉命／于危难之间（同上）

（3）叫嚣／乎东西，隳突／乎南北（《捕蛇者说》）

4. 提前的状语，在朗读时应在其后和主语之前稍加停顿。例如：

（1）今／天下三分（《出师表》）

（2）向／吾不为斯役，则久已病矣（《捕蛇者说》）

5. 在转折连词前一般要稍加停顿。例如：

（1）后狼止／而前狼又至（《狼》）

（2）人不知／而不愠（《〈论语〉六则》）

（3）先帝创业未半／而中道崩殂（《出师表》）

（四）除此以外，还有些表示议论、推断、反问等语气的句子，若前面有"夫""盖""其"等词领起，朗读的时候，在这些词后应稍加停顿。例如：

（1）若夫／霪雨霏霏，连月不开（《岳阳楼记》）

（2）盖／大苏泛赤壁云（《核舟记》）

（3）其／如土石何（《愚公移山》）

（4）岂若／吾乡邻之旦旦有是哉（《捕蛇者说》）

（5）故／君子有不战，战必胜矣（《〈孟子〉二章》）

（五）骈句，凡四字句皆两字一顿；相邻两组骈句之间、骈句与散句之间须做较长停顿。例如：

"日星／隐曜，山岳／潜形。∥商旅／不行，樯倾／楫摧。"

教条

22.郑人买履

【导引】

（一）评析

文章借助一个郑国人因过于相信测量好的尺码而终究没有买到鞋子的故事，揭示了郑人拘泥于教条的心理和一味依赖外物的生活习惯，讽刺生活中那些墨守成规的教条主义者，同时说明因循守旧、不思变通者终将一事无成。

（二）要点

1. 实词：度、之、操。

2. 虚词：之、而、遂。

3. 句子：郑人有欲买履者。

郑人有欲买履者①，先自度②其足，而置③之④其⑤坐。至之⑥市，而忘操⑦之。已得履⑧，乃曰："吾忘持度⑨。"反归取之。及反，市罢，遂不得履。人曰："何不试之以足？"曰："宁⑩信度，无⑪自信也。"

【注释】

①者：……的人。判断句的标志，如"……者，……也"。②度：测量。③置：放置，安放。④之：代词，它。⑤其：代词，他的。⑥之：到……去。⑦操：携带、操持。⑧履：鞋。⑨度：量好的尺码。⑩宁（nìng）：副词，宁可、宁愿。⑪无：不能、不可，没有。

【训练】

1. 请找出上文中的两个通假字并释义。

（1）_____ 通 _____；（2）_____ 通 _____。

2. 解释下列句中加点的词。

（1）度其足　（　　　　　　　）　　（2）吾忘持度　（　　　　　　　）

（3）而忘操之（　　　　　　　）　　（4）及反，市罢（　　　　　　　）

3. 把下列句子翻译成现代汉语。

（1）郑人有欲买履者。

_____

（2）至之市，而忘操之。

_____

（3）何不试之以足？

_____

4. 这个郑国人傻得可爱，可是现实生活中也不乏其例。请你说说类似的事例并谈谈改正的方法。

_____

_____

【拓展】

（一）阐发

本文出自《韩非子·外储说左上》。韩非（约前280—前233），战国末期韩国人（今河南省新郑）。师从荀子，是中国古代著名的哲学家、思想家、政论家和散文家，法家思想的集大成者，中国古代法家思想的著名代表人物，后世称"韩子"或"韩非子"。

本文为先秦时代的一则寓言故事，"郑人买履"现已成为一个成语，有关"履"字的成语有"如履薄冰""步履维艰"等。

（二）应用

履：（1）鞋。如"已得履"。（2）踩、践踏。如《过秦论》："振长策而御宇内，吞二周而亡诸侯，履至尊而制六合，执敲扑以鞭笞天下，威震四海。"

【译文】

郑国有一个想要买鞋的人，他先自己测量他的脚，然后把测量好的尺码放在他的座位上。他到集市去，可是忘记携带那量好的尺码。已经找到了鞋子，就说："我忘记携带量好的尺码了。"（于是）返回归家去取尺码。等到他返回集市，集市已经结束，最终没有买到鞋。有人说："为什么不用你的脚去试试那鞋呢？"他说："宁可相信量好的尺码，也不可相信自己的脚啊。"

23.东施效颦

【导引】

（一）评析

本文主要叙写了春秋越国的丑女东施模仿美女西施捂着胸口、皱着眉在她乡里行走的故事，比喻盲目地模仿他人结果往往会适得其反。

爱美之心人人有，但不能不顾自身条件而盲目模仿他人。这个故事讽刺了那些不知自丑、不识时务的人，只知道一味地去模仿别人，却不知其所以然，最终成为他人的笑柄。

（二）要点

1. 实词：颦、美、挈、妻子、走。

2. 虚词：而、之、之所以。

3. 句子：挈妻子而去之走。

西施病心①而颦其里②，其里之丑人见而美③之，归④亦⑤捧心⑥而颦其里。其里之富人见之⑦，坚闭门而不出；贫人见之，挈妻子而去⑧之走。彼⑨知颦美而不知颦之所以⑩美。

【注释】

①病心：病于心，心口疼痛。②其里：她的乡里（村里）。③美：以……为美。④归：返回，回去。⑤亦：也。⑥捧心：捂着胸口。⑦其里之富人见之：第一个"之"，的（结构助词）；第二个"之"，代指东施的样子（代词）。⑧去：离开。⑨彼：她，代指丑人（东施）。⑩之所以：……的原因。

【训练】

1. 解释下列句中加点的词。

（1）颦其里　　（　　　　） 　　（2）其里之丑人见而美之（　　　　　）

（3）坚闭门而不出（　　　　） 　　（4）挈妻子而去之走　　（　　　　　）

2. 下列句子中"而"字的用法和意思与其他三项不相同的一项是（　　　　）。

A. 其里之丑人见而美之　　　　　　B. 坚闭门而不出

C. 挈妻子而去之走　　　　　　　　D. 彼知颦美而不知颦之所以美

3. "妻子"的古义是 ＿＿＿＿＿＿＿＿＿＿＿＿；今义是 ＿＿＿＿＿＿＿＿＿＿＿。

4. 把下列句子翻译成现代汉语。

（1）其里之富人见之，坚闭门而不出。

（2）彼知矉美而不知矉之所以美。

5. 这个故事说明了什么道理？在现实生活中也不乏东施效矉的事例，请你说说类似的事例并谈谈改正的方法。

【拓展】

（一）阐发

本文出自《庄子·天运》。庄子的作品多以引人入胜的方式阐述哲理，被称为"文学的哲学，哲学的文学"，其代表作品是《庄子》。

东施效矉，现已演化为成语。比喻胡乱模仿又效果极坏；有时也作为自谦之词，表示自己根底差，学别人的长处没有学到家。

（二）应用

美：（1）意动用法，释义为"以……为美"。如"其里之丑人见而美之"。又如《邹忌讽齐王纳谏》："吾妻之美我者，私我也；妾之美我者，畏我也；客之美我者，欲有求于我也。"（2）形貌好看；漂亮。如龚自珍的《病梅馆记》："梅以曲为美，直则无姿。"（3）美好。如陶渊明的《桃花源记》："芳草鲜美。"

【译文】

西施心口疼痛而在乡里皱着眉头行走，她乡里的一个长得丑的人看见了觉得西施走路的样子很美，回家后也捂着自己的心口皱着眉头行走在乡里。她乡里的富人见了她行走的样子，牢牢地关着大门不出去；穷人见了她行走的样子，带着妻子、孩子跑着离开她。东施知道皱着眉头很美的样子，可是不知道皱眉头会美的原因。

24.烧衣

【导引】

（一）评析

本文运用夸张的手法，形象地刻画了性缓者的可笑之态，讽刺那些遇事不分轻重缓急、自以为是，其实愚蠢可笑的人。

（二）要点

1. 实词：言、曳、料。

2. 虚词：为、适、既然。

3. 句子：外人道君性急，不料果然。

一最性急①，一最性缓②，冬日围炉聚饮。性急者衣坠炉中，为火所燃，性缓者见之从容谓曰："适③有一事，见之已久，欲言恐君性急，不言又恐不利于君，然则④言之是耶，不言是耶？"性急者问以何事，曰："火烧君裳。"其人遂曳衣⑤而起，怒曰："既然如此，何不早说？"性缓者曰："外人道君性急，不料果然。"

【注释】

①急：急躁。②缓：温和。③适：正好。④然则：连词，用在句子开头，表示"（既然）这样，那么"。⑤曳衣：拉起衣服。

【训练】

1. 解释下列句中加点的词。

（1）为火所燃　　　（　　　　　　　）　（2）欲言恐君性急（　　　　　　　）

（3）其人遂曳衣而起（　　　　　　　）　（4）不料果然　　（　　　　　　　）

2. 把下列句子翻译成现代汉语。

（1）性急者衣坠炉中，为火所燃，性缓者见之从容谓曰。

_____

（2）其人遂曳衣而起，怒曰。

_____

（3）外人道君性急，不料果然。

_____

3. 请联系生活实际谈谈这则寓言的寓意。

_____

【拓展】

（一）阐发

本文出自《笑林广记》。《笑林广记》是中国笑话集，又名《新镌笑林广记》。此书由"游戏主人"编成，游戏主人并不是指一个人，而是清代的一批文人。《笑林广记》可算是严格意义上的笑话集，语言风趣，文字简练隽秀，表现手法也十分成熟。

（二）应用

"为……所……""为所"，被动句式的固定结构。如《鸿门宴》："唉！竖子不足与谋。夺项王天下者必沛公也。吾属今为之虏矣！""不者，若属皆且为所虏。"

【译文】

一人最是性情急躁，一人最是性情温和，冬天围在炉前相聚喝酒。性情急躁的人的衣服掉到火炉中，被火烧着了，性情温和的人见到这个情况舒缓平和地告诉说：
"正好有一件事，看到了已经很久，想要说担心你性情急躁，不说又怕对你不利，那
么说这件事对呢，还是不说对呢？"性情急躁的人问有什么事情，他说："火烧着你
的衣服了。"性情急躁的人于是拉起衣服站起来，恼怒地说："既然这样，为什么不
早说？"性情温和的人说："他人说你性情急躁，没有料想到确实如此。"

25.嗟来之食

【导引】

（一）评析

本文的"饿者"不吃"嗟来之食"，尽管是有骨气的表现，但不懂得变通，在黔
敖跟随他行走并在这件事上道歉后，那"饿者"始终不吃而饿死，其性格、行为是
值得我们深思的。

当然，"不食嗟来之食"在现今的社会生活中已成为常被引用的话语，成为维护
个人尊严、有志气、宁折不屈大丈夫行为的典范。

（二）要点

1. 实词：食、谢。

2. 虚词：以、唯、焉。

3. 句子：其嗟也，可去，其谢也，可食。

齐大饥。黔敖①为食于路，以待饿者而食之。

有饿者，蒙②袂辑屦③，贸贸然④来。黔敖左奉食，右执饮，曰："嗟⑤！来食！"
扬其目而视之，曰："予唯不食嗟来之食，以⑥至于斯也！"从而谢焉，终不食而死。
曾子闻之，曰："微⑦与⑧！其嗟也，可去，其谢也，可食。"

【注释】

①黔敖：齐国的一位富商。②蒙：用……蒙。③辑屦（jù）：拖着鞋子，身体沉
重迈不开步子的样子。辑，拖。屦，古代用麻、葛制成的鞋。④贸贸然：眼睛看不
清而莽撞前行的样子。⑤嗟（jiē）：喂。叹词，略带有轻蔑意味的叫喊声。⑥以：因
此。⑦微：如果不是。⑧与：表示感叹的语气词。

【训练】

1. 解释下列句中加点的词。

（1）黔敖为食于路（　　　　　　）　　（2）黔敖左奉食，右执饮（　　　　　　）

（3）扬其目而视之（　　　　　）　（4）从而谢焉　　　　（　　　　　　）

2. 把下列句子翻译成现代汉语。

（1）有饿者，蒙袂辑屦，贸贸然来。

_____

（2）予唯不食嗟来之食，以至于斯也！

_____

（3）其嗟也，可去，其谢也，可食。

_____

3. 黔敖与"饿者"形象鲜明，请任选一人分析其形象。

_____

【拓展】

（一）阐发

本文出自《礼记》。《礼记》是中国古代一部重要的典章制度书籍，儒家经典之一。《礼记》（《小戴礼记》《小戴记》）据传是孔子的七十二弟子及其学生们所作，该书的编定者是西汉礼学家戴圣，他对秦汉以前各种礼仪著作加以辑录编纂而成此书，共 49 篇，主要记载了先秦的礼制，体现了先秦儒家的哲学思想（如天道观、宇宙观、人生观）、教育思想（如个人修身、教育制度、教学方法、学校管理）、政治思想（如以教化政、大同社会、礼制与刑律）、美学思想（如物动心感说、礼乐中和说）等。

（二）应用

谢：（1）道歉。如《廉颇蔺相如列传》："因宾客至蔺相如门谢罪。"（2）谢绝。如《孔雀东南飞》："阿母谢媒人：'女子先有誓，老姥岂敢言？'"（3）告辞。如《信陵君窃符救赵》："侯生视公子色终不变，乃谢客就车。"（4）劝诫。如《孔雀东南飞》："多谢后世人，戒之慎勿忘。"（5）凋谢。如《芙蕖》："及花之既谢，亦可告无罪于主人矣。"

【译文】

齐国出现严重的饥荒。黔敖在路边摆放好食物，用来等待饥饿的人前来吃它。

有个饥饿的人，用衣袖蒙着脸，拖着鞋子，两眼昏昏无神地走来。黔敖左手捧着食物，右手端着汤水，说："喂！来吃吧！"那个饥民扬起眼皮看着他，说："我由于不吃别人有施舍的侮辱性的食物，因此落到这个地步！"（黔敖）跟随那个饥民并在这件事上道歉，（那个饥民）始终不吃而饿死了。曾子听到这件事，说："如果不是（这样）呢！黔敖轻蔑叫喊时，（那个饥民）可以离开，黔敖道歉了，（那个饥民）可以吃。"

26.刻舟求剑

【导引】

（一）评析

本文讲述了楚人教条而不知变通地去寻找落水之剑的故事，告诉我们用静止的眼光去看待变化发展的事物，必将导致错误的判断。

（二）要点

1. 实词：涉、是、惑。

2. 虚词：自、之、乎。

3. 句子：是吾剑之所从坠。

楚人有涉①江者，其剑自②舟中坠于水，遽③契其舟，曰："是④吾剑之所从坠。"舟止，从其所契者入水求之。舟已行矣，而剑不行，求剑若⑤此，不亦惑⑥乎⑦？

【注释】

①涉：渡水。②自：从。③遽（jù）：立刻，急忙。④是：这，这里（指示代词）。⑤若：像。⑥惑：疑惑、糊涂。⑦不亦……乎：不是也……吗？这是一种委婉的反问句式。乎，吗。

【训练】

1. 解释下列句中加点的词。

（1）其剑自舟中坠于水　　（　　　　　）　　（2）遽契其舟　　　　（　　　　　）

（3）是吾剑之所从坠　　　（　　　　　）　　（4）是吾剑之所从坠（　　　　　）

（5）舟已行矣，而剑不行（　　　　　）　　（6）不亦惑乎　　　（　　　　　）

2. 把下列句子翻译成现代汉语。

（1）是吾剑之所从坠。

_____

（2）求剑若此，不亦惑乎？

_____

3. 这则寓言故事的寓意是什么？请联系生活实际谈谈你的感想。

_____

_____

【拓展】

（一）阐发

世界上的事物，总是在不断地发生变化。人应该随着事物的变化而改变解决问题的方法，不能死守教条，否则会一事无成。

"刻舟求剑"现已由一个寓言故事演化成成语。类似的成语有"守株待兔""墨守成规"等。

本文选自《吕氏春秋》。《吕氏春秋》是由秦国丞相吕不韦集合门客编撰的一部杂家巨著。

（二）应用

若：（1）像。如《刻舟求剑》："求剑若此。"又如《送杜少府之任蜀州》："海内存知己，天涯若比邻。"（2）连词。假如，如果。如《金铜仙人辞汉歌》："天若有情天亦老。"（3）第二人称代词。你，你的。如《捕蛇者说》："若毒之乎？余将告于莅事者，更若役，复若赋，则何如？"

【译文】

楚国有个渡江的人，他的剑从船上掉落入水中，他急忙在那船上刻（记号），说："这里是我的剑掉下去的地方。"船停止行驶后，他从他刻记号的地方下水寻找剑。船已经行走了，可是剑没有（跟随船）行走，像这样的方法寻找（丢失的）剑，不是也很糊涂吗？

刻舟求剑

智慧

27.司马光砸缸

【导引】

（一）评析

"司马光砸缸"的历史故事发生在宋朝河南光山，讲述了司马光用大石块砸破水缸救出一个掉在水缸里的小孩的故事，表现了司马光年幼时就遇事沉着、聪明机智。

史书记载，司马光非常喜欢读《左传》，常常"手不释书，至不知饥渴寒暑"。七岁时，他便能够熟练地背诵《左传》，并且能把两百多年的历史梗概讲述得清清楚楚，可见他自幼便对历史怀有十分浓厚的兴趣并有扎实的功底。

（二）要点

1. 实词：生、了、释。

2. 虚词：即、自是、于。

3. 句子：自是手不释书，至不知饥渴寒暑。

司马光，字君实，陕州夏县人也。光生七岁，凛然①如成人②。闻讲《左氏春秋》，爱之，退为家人讲，即了其大指③。自是手不释书，至不知饥渴寒暑。群儿戏于庭，一儿登瓮④，足跌没水中，众皆弃去，光持石击瓮，破之，水迸，儿得活。

【注释】

①凛然：稳重的样子。②成人：古代成年指弱冠，十六岁。③指：通"旨"，意思。④瓮：大缸。

【训练】

1. 解释下列句中加点的词。

（1）光生七岁　　（　　　　　　）　　（2）退为家人讲　　（　　　　　　）

（3）自是手不释书（　　　　　　）　　（4）光持石击瓮，破之（　　　　　　）

2. 把下列句子翻译成现代汉语。

（1）光生七岁，凛然如成人。

（2）自是手不释书，至不知饥渴寒暑。

_____

（3）光持石击瓮，破之，水迸。

_____

3. 司马光 7 岁时已稳重如成人，请你说说文中司马光的形象。

_____

_____

【拓展】

（一）阐发

本文选自《宋史》，《宋史》是二十四史之一。

司马光（1019—1086），北宋政治家、史学家、文学家，字君实，号迂叟，陕州夏县（今山西夏县）涑水乡人，世称涑水先生。主持编纂了中国最大的一部编年体通史《资治通鉴》。

司马光出生于宋真宗天禧三年，当时，他的父亲司马池正担任光州光山县令，于是便给他取名"光"。司马光家世代官宦，其父司马池后来官至兵部郎中、天章阁待制，一直以清廉仁厚享有盛誉。司马光深受其父影响，自幼便聪敏好学。

（二）应用

自：（1）自己。如《望洋兴叹》："于是焉河伯欣然自喜。"（2）自然。如《活板》："以手拂之，其印自落，殊不沾污。"（3）从。如《刻舟求剑》："其剑自舟中坠于水。"又如《为学》："越明年，贫者自南海还。"（4）假如。常与"非"连用，假如不是。如《三峡》："自非亭午夜分，不见曦月。"（5）即使。如《周昌传》："昌为人强力，敢直言，自萧、曹等皆卑下之。"

【译文】

司马光，字君实，陕州夏县人。司马光长到七岁时，稳重如成年人。听讲《左氏春秋》，很喜欢《左氏春秋》，回家给家人讲述，即刻明了书中的主要意思。从这之后手不放书，达到了不知道饥渴冷热（的程度）。一群小孩在庭院里面嬉戏，一个小孩站在大缸上面，失足跌落淹没在水中，众多孩子都抛下那小孩离开了，司马光拿石头击打缸，使缸破裂，缸中的水进溅而出，小孩得以活命。

28.杨氏之子

【导引】

（一）评析

本文故事情节简单，饶有情趣，讲述了南北朝时期梁国一户姓杨的人家中一个聪明机灵的九岁男孩和拜访者孔君平对话的故事，描述了杨氏子的聪慧，把杨氏子的稚气和巧妙的回答描写得惟妙惟肖，暗示我们处事要随机应变，用智慧和勇气解决问题。

（二）要点

1. 实词：惠、设、示。

2. 虚词：甚。

3. 句子：未闻孔雀是夫子家禽。

梁国杨氏子九岁，甚聪惠①。孔君平诣其父，父不在，乃呼儿出。为设果，果有杨梅。孔指以示②儿曰："此是君家果。"儿应声答曰："未③闻孔雀是夫子家禽。"

【注释】

①惠：通"慧"，智慧。②示：给……看。③未：没有。

【训练】

1. 解释下列句中加点的词。

（1）甚聪惠　　（　　　　　　　）　　（2）孔君平诣其父（　　　　　　　）

（3）乃呼儿出（　　　　　　　）　　（4）为设果　　（　　　　　　　）

2. 把下列句子翻译成现代汉语。

（1）孔君平诣其父，父不在，乃呼儿出。

_____

（2）孔指以示儿曰："此是君家果。"

_____

3. 九岁的杨氏子"甚聪惠"。文章是从哪些角度写其聪慧的？请你分条指出。

_____

_____

【拓展】

（一）阐发

本文选自南朝刘义庆的《世说新语》。

《世说新语》是一部主要记载汉末至晋代士族阶层言谈逸事的笔记小说，由南朝刘义庆组织文人编写，梁代刘峻作注。全书原为八卷，刘峻注本分为十卷，今传本皆作三卷，分为德行、言语、政事、文学、方正、雅量等三十六门，全书共一千多则，记述自汉末到刘宋时名士贵族的遗闻逸事，主要为有关人物评论、清谈玄言和机智应对的故事。

（二）应用

诣：（1）到……去、前往。如《〈指南录〉后序》："贾余庆等以祈请使诣北。"又如《促织》："乃强起扶杖，执图诣寺后。"（2）拜访。如《赤壁之战》："遂与鲁肃俱诣孙权。"

【译文】

梁国有姓杨人家的孩子九岁，非常聪明智慧。孔君平拜见他的父亲，他的父亲不在家，就叫孩子出来（招待客人）。（孩子）给孔君平摆设水果，水果中有杨梅。孔君平指着杨梅给孩子看并说："这是你家的水果。"孩子应声回答说："没有听说孔雀是先生您家的禽鸟。"

29.画龙点睛

【导引】

（一）评析

本故事讲的是南北朝著名画家张僧繇作画的神妙。画龙点睛的故事告诉我们，做事、说话一定要抓住主旨，关键部分一定要体现出精髓，只有这样，才能获得质的飞跃。

（二）要点

1. 实词：诞、破。

2. 虚词：每、因。

3. 句子：雷电破壁，一龙乘云上天。

张僧繇①于②金陵安乐寺，画四龙于壁，不点睛。每③曰："点之即飞去。"人以为④诞，因⑤点其一。须臾，雷电破壁，一龙乘云上天。不点睛者皆⑥在。

【注释】

①张僧繇（yóu）：南朝梁吴（今苏州市）人，画家。②于：在。③每：每每、常常。④以为：认为。⑤因：于是。⑥皆：都，全都。

【训练】

1. 解释下列句中加点的词。

（1）点之即飞去（　　　　　　）　　（2）人以为诞（　　　　　　）

（3）因点其一　（　　　　　　）　　（4）雷电破壁（　　　　　　）

2. 把下列句子翻译成现代汉语。

（1）每曰："点之即飞去。"人以为诞。

_____

（2）须臾，雷电破壁，一龙乘云上天。

_____

3. 你从这个故事中明白了什么道理？

_____

_____

【拓展】

（一）阐发

此则成语故事出自唐朝张彦远的《历代名画记·张僧繇》，后来人们根据这个传说引申出"画龙点睛"这个成语，比喻写文章或讲话时，在关键处用几句话点明实质，使内容更加生动有力。

（二）应用

须臾：片刻、一会儿。如《荀子·劝学》："吾尝终日而思矣，不如须臾之所学也。"

【注意】

俄顷、少焉、既而、未几、少顷。

【译文】

张僧繇在金陵安乐寺，在墙壁上画了四条龙，没有画眼睛。他每每说："点上眼睛龙即会飞离。"人们认为他的话荒诞，张僧繇于是点了其中一条龙的眼睛。片刻，雷电击破墙壁，那条龙乘云飞上了天。没有被点上眼睛的龙都在。

30.胸有成竹

【导引】

（一）评析

画竹必在心中有竹子的完整形象，犹如园林设计者"胸中有丘壑"（语出唐·厉霆《大有诗堂》）。

"胸有成竹"原指画竹子要先在心里有竹子整体的形象，后演化为一个成语，比喻在做事之前已经拿定主意。

（二）要点

1. 实词：萌、累、识。

2. 虚词：之、岂、乃。

3. 句子：与可之教予如此。

竹之始生，一寸之萌耳，而节叶具焉①。自蜩腹蛇蚹②以至于剑拔十寻③者，生而有之也。今画者乃节节而为之，叶叶而累之，岂复有竹乎？故画竹必先得成竹④于胸中，执笔熟视，乃见其所欲画者，急起从之，振笔直遂⑤，以追其所见。如兔起鹘落，少纵则逝矣。

与可⑥之教予如此。予不能然也，而心识其所以然。夫既心识其所以然，而不能然者，内外不一，心手不相应，不学之过也。故凡有见于中⑦而操之不熟者，平居⑧自视了然，而临事忽焉丧之，岂独竹乎？

【注释】

①焉：句末语气助词。②蜩（tiáo）腹蛇蚹（fù）：蝉的腹部、蛇的腹下。蜩，蝉。蝉的腹部是分节的，蛇的腹下分节、有鳞片，这些特征都与竹笋有些相像。这里形容竹出生时的状态。③寻：古代的长度单位，八尺为一寻。④成竹：形象完整的竹子。⑤遂：通"邃"。⑥与可：文与可，名同，北宋梓州人，苏轼的表兄，宋代画竹名师。⑦中：心中、内心。⑧平居：平常，平时。

【训练】

1. 解释下列句中加点的词。

（1）而节叶具焉（   ）   （2）执笔熟视   （   ）

（3）以追其所见（   ）   （4）不学之过也（   ）

2. 把下列句子翻译成现代汉语。

（1）竹之始生，一寸之萌耳，而节叶具焉。

_____

（2）乃见其所欲画者，急起从之，振笔直遂，以追其所见。

_____

（3）夫既心识其所以然，而不能然者，内外不一，心手不相应，不学之过也。

_____

3. 文中用了两处比喻，找出来并说说它们的比喻义。

_____

4. 关于"胸有成竹"这个故事告诉我们的道理，下列说法中最准确的一项是（　　）。

A. 这个故事告诉我们画竹子时心里一定要有竹子的形象。

B. 这个故事告诉我们做事之前要做好充分准备，对事情的成功有十分的把握。

C. 这个故事告诉我们做任何事都要十分熟练，熟能生巧。

【拓展】

（一）阐发

"胸有成竹"这一成语出自宋代苏轼的《文与可画筼筜谷偃竹记》。

苏轼（1037—1101），字子瞻，又字和仲，号东坡居士。北宋著名文学家、书法家、画家，为"唐宋八大家"之一，豪放派主要代表，代表作品有《东坡七集》《东坡易传》《东坡乐府》等。

（二）应用

于：介词。

（1）在、从、到。

①《廉颇蔺相如列传》："乃设九宾礼于廷。"（在）

②《劝学》："青，取之于蓝，而青于蓝。"（前一个"于"：从）

③《廉颇蔺相如列传》："从径道亡，归璧于赵。"（到）

（2）"在……方面""从……中"。

①《墨子》："荆国有余地而不足于民。"

②《游褒禅山记》："于人为可讥，而在己为悔。"

（3）由于。

《进学解》："业精于勤，荒于嬉。"

（4）向、对、对于。

①《赤壁之战》："请奉命求救于孙将军。"

②《赤壁之战》："鲁肃闻刘表卒，言于孙权曰……"

③《师说》："爱其子，择师而教之，于其身也，则耻师焉。"

（5）被。

①《廉颇蔺相如列传》："而君幸于赵王。"

②《屈原列传》："故内惑于郑袖，外欺于张仪。"

（6）与、跟，同。

①《隆中对》："身长八尺，每自比于管仲、乐毅。"

②《廉颇蔺相如列传》："燕王欲结于君。"

③《赤壁之战》："莫若遣腹心自结于东，以共济世业。"

（7）比。

① 《礼记》："苛政猛于虎也。"

② 《劝学》："青，取之于蓝，而青于蓝。"（后一个"于"，比）

于是：

（1）相当于"于 + 此"。

① 在这时。《口技》："于是宾客无不变色离席。"

② 在这种情况下。《捕蛇者说》："吾祖死于是，吾父死于是。"

③ 对此。《廉颇蔺相如列传》："于是秦王不怿，为一击缶。"

④ 因此。《游褒禅山记》："于是余有叹焉。"

⑤ 从此。《秦晋崤之战》："遂墨以葬文公，晋于是始墨。"

（2）连词，表示前后句的承接或因果关系，与现代汉语"于是"相同。

① 《廉颇蔺相如列传》："于是秦王不怿，为一击缶。"

② 《五人墓碑记》："吴之民方痛心焉，于是乘其厉声以呵，则噪而相逐。"

③ 《触龙说赵太后》："于是为长安君约车百乘，质于齐。"

见……于：表示被动。

（1）《秋水》："吾长见笑于大方之家。"

（2）《愚溪诗序》："今是溪独见辱于愚，何哉？"

【译文】

竹子开始生长时，一寸的小芽而已，但是节、叶都已经具备了。从像蝉的腹部、蛇的鳞片一样直到如剑一样挺拔高达十寻的，它的形态是出生时就具有的。如今画竹的人就一节一节地画它，一叶一叶地来堆叠它，哪里再有形象完整的竹子啊！所以画竹一定要从心里获得完整的竹子形象，提笔时周详地观察，才会看到他所想画的竹子，急起挥笔，顺随心中那竹子的形象，直达深远之境，用来追溯（再现）心中所见到的竹子。这个过程犹如兔子刚蹿起来鹘就猛扑下去，稍有一点儿放松就错失过去了。

与可教我这样去做。我不能做到这样啊，但是心里知道它是这样的。要知道既然心里知道它是这样的，但是又不能做到这样的原因，内心的想法和表现的动作不一致，心中所想与手下落笔不能互相呼应，没有研习的缘故啊。所以凡是在心中浮现的但是不能熟练地操练它，平常自认为清楚明白，可是遇到事务快速地消失了，难道只有画竹（这件事）吗？

31.塞翁失马

【导引】

（一）评析

塞翁失马的故事在民间流传了千百年，故事内容比较简单，但蕴含的道理比较深刻。故事的寓意：虽然暂时受到损失，但从长远看也许会因此得到好处；也指坏事在一定条件下可以变为好事。遇到祸福都要及时调整自己的心态，要超越时间和空间去观察问题，考虑到事物有可能出现的极端变化。

（二）要点

1. 实词：善、吊、将、保。

2. 虚词：何、乎。

3. 句子：故福之为祸，祸之为福，化不可极，深不可测也。

近塞上①之人，有善术②者，马无故亡而入胡③。人皆吊④之，其父⑤曰："此何遽⑥不为福乎？"居⑦数月，其马将胡骏马而归。人皆贺之，其父曰："此何遽不能为祸乎？"家富⑧良马，其子好⑨骑，堕⑩而折其髀。人皆吊之，其父曰："此何遽不为福乎？"居一年，胡人大入塞，丁壮者⑪引⑫弦而战。近塞之人，死者十九⑬。此独以跛⑭之故，父子相保。故福之为祸，祸之为福，化不可极，深不可测也。

【注释】

①塞上：泛指北方长城一带。塞，边塞。②术：术数，推测人事吉凶祸福的法术，如看相、占卜、算命等。③胡：古代少数民族。④吊：安慰。⑤父：古代对老年人的尊称，此处指"善术者"。⑥遽（jù）：就。⑦居：停留、经过。⑧富：很多。⑨好：喜欢、喜爱。⑩堕：落、掉下来。⑪丁壮者：壮年男子。⑫引：拉开弓弦。⑬十九：十分之九，指绝大部分。⑭跛：瘸腿。

【训练】

1. 解释下列句中加点的词。

（1）此何遽不为福乎（　　　　　）　（2）其马将胡骏马而归（　　　　　）

（3）此独以跛之故　（　　　　　）　（4）故福之为祸　　（　　　　　）

2. 把下列句子翻译成现代汉语。

（1）家富良马，其子好骑，堕而折其髀。

_____

（2）居一年，胡人大入塞，丁壮者引弦而战。

_____

（3）此独以跛之故，父子相保。

_____

3. 补充。

塞翁失马，_____；_____，收之桑榆。

4. 这则寓言故事带给你什么样的生活启示呢？请结合寓言谈谈你的感想。

_____

_____

【拓展】

（一）阐发

"塞翁失马"出自西汉刘安的《淮南子·人间》，后演变为一个成语。

《老子·第五十八章》："祸兮福之所倚，福兮祸之所伏。"意思是祸与福互相依存，可以互相转化。比喻坏事可以引出好的结果，好事也可以引出坏的结果。

《后汉书·冯异传》："始虽垂翅回溪，终能奋翼渑池，可谓失之东隅，收之桑榆。"原指早晨丢失了，傍晚得到了。比喻开始的时候遭到损失，之后又得到了补偿。

（二）应用

吊：慰问。如《左传·庄公十年》："秋，宋大水。公使吊焉，曰：'天作淫雨，害于粢盛，若之何不吊？'"

【注意】

吊、唁："吊"往往是悼念死人；"唁"是对和死者有关的活人表示同情或慰问。

居：用于"有顷""久之""顷之"等前面，表示相隔一段时间，意义较虚。如《贾生列传》："居顷之，拜贾生为梁怀王太傅。"

【译文】

靠近边塞的族人中，有位擅长术数推测吉凶的人，他家的马无缘无故丢失而进入胡人的住地。人们都来安慰他，那家的老人说："这为何就不是一种福气呢？"过了几个月，他家的马带着胡人的良驹回来了。人们都前来祝贺他，那家的老人又说："这怎么就不是一种灾祸呢？"他家有很多骏马，他家的儿子喜欢骑马，从马上掉下来折断了大腿骨。人们都前来安慰他，那家的老人说："这怎么就不是一种福气呢？"过了一年，胡人大举入侵边塞，健壮男子都拉弓而战。靠近边塞的人，死亡的人占了十分之九。这一家唯独因为瘸腿的缘故，老人、儿子互相保全了性命。所以福可转化为祸，祸可转化为福，其中的造化没有办法达到极点，其中的深奥也没有方法来探测。

日积月累（4）

文言词义的五种理解法

一、成语借用法

熟记成语中的字义，从而理解文言词义。例如：

1. 爱不释手：释，放下。

2. 怨天尤人：尤，责备。

3. 责无旁贷：贷，推卸。严惩不贷：贷，宽恕。

4. 屡试不爽：爽，差错。

二、词语组合法

先对文言中的单音节词释义，再运用组词的方法组合成双音节词，从而理解文言词义。例如：

1. 吾何爱一牛：爱——惜，吝惜。（孟子《齐桓晋文之事》）

2. 涂有饿莩而不知发：发——开，打开。（孟子《寡人之于国》）

3. 而刀刃若新发于硎：发——出，磨出。（庄子《庖丁解牛》）

4. 屈平疾王听之不聪也：聪——明，不受蒙蔽。（司马迁《屈原列传》）

5. 草创未就，会遭此祸：就——成。（司马迁《报任安书》）

6. 求人可使报秦者：报——回，回复。（司马迁《廉颇蔺相如列传》）

7. 日月掷人去，有志不获骋：获——得，能够。（陶渊明《杂诗十二首·其二》）

8. 然公子遇臣厚：遇——待，对待。（司马迁《信陵君窃符救赵》）

9. 竹之始生，一寸之萌耳：萌——芽，嫩芽。（苏轼《文与可画筼筜谷偃竹记》）

三、归纳综合法

表示"等、等到"的词：比、洎、及、至、迨、逮等。

表示"不久""一会儿"的词：间、寻、顷之、顷刻、未几、瞬息、俄而、少顷、既而、已而。

表示"借"的词：贷、借、赊、假。

四、推导理解法

汉语的很多词义是慢慢引申、发展起来的，仔细揣摩一个汉字的意义，往往能找到一定的内在联系，从而帮助我们顺藤摸瓜地记住一个字的多个意义。例如：

向，本义为"朝北的窗户"，引申为"朝着"，由"朝着"发展下去的一根藤：朝着→往，去；归向，趋向→亲近→爱，仰慕；偏爱，偏袒；迎合。

房屋一般朝南，朝北的窗子给人一种"背后"的感觉，然后由空间引申为时间。向由本义"朝北的窗户"发展下去的另一根藤：朝北的窗户→先前，过去，往昔；从来，向来。

就，本义"靠近"，顺推常用意义：趋向、造成、登上、就职、成就、完成、接受。

五、字形会意法

大多汉字是借助象形、会意来表达字义的，字形与词义有着一定的内在联系。于是，有时可以依据其构成来理解、识记一些象形字、会意字的某些含义。

坐，可理解为一个人因另一个人而坐在土上，由此可以记住坐的几个意义：因为、犯罪、株连。

乖，千像一个路标，北是两个背对的人，由此我们可以记住乖的几个意义：背离，违背，不和谐；分离，离别；断绝，隔绝；不同，差异；不顺利，不如意；等等。

计谋

32.螳螂捕蝉

【导引】

（一）评析

本文主要讲述了一个年轻人利用螳螂捕蝉，劝阻吴王攻打楚国的故事。"螳螂捕蝉"比喻某些人目光短浅，没有远见，只顾追求眼前的利益。这个故事告诉我们：在考虑问题、处理事情时，要深思熟虑、考虑后果，不要只顾眼前利益而不顾后患。

（二）要点

1. 实词：伐、操、对。

2. 虚词：而、乃。

3. 句子：则怀丸操弹，游于后园，露沾其衣。

吴王欲伐荆①，告其左右曰："敢有谏②者死！"舍人③有少孺子④者欲谏不敢，则怀丸操弹，游于后园，露沾其衣，如是者三旦。吴王曰："子来，何苦沾衣如此？"对曰："园中有树，其上有蝉，蝉高居悲鸣，饮露，不知螳螂在其后也；螳螂委⑤身曲附⑥，欲取蝉，而不知黄雀在其傍也；黄雀延⑦颈，欲啄螳螂，而不知弹丸在其下也。此三者皆务欲得其前利，而不顾⑧其后之有患也。"吴王曰："善哉。"乃罢⑨其兵。

【注释】

①荆：楚国。②谏：规劝。以下劝上为谏。③舍人：宫廷侍从。④少孺子：年轻人。⑤委：通"萎"，使……萎。⑥附：通"跗"，脚背。⑦延：伸长。⑧顾：回头看。⑨罢：停止。

【训练】

1. 解释下列句中加点的词。

（1）吴王欲伐荆　　（　　　　　）　（2）则怀丸操弹　　　　（　　　　　）

（3）对曰：园中有树（　　　　　）　（4）而不知黄雀在其傍也（　　　　　）

2. 把下列句子翻译成现代汉语。

（1）则怀丸操弹，游于后园，露沾其衣，如是者三旦。

（2）螳螂委身曲附，欲取蝉。

_____

3.“螳螂捕蝉”现已演化为一个成语，请说说你的理解。

_____

_____

【拓展】

（一）阐发

这个成语讽刺了那些只顾眼前利益、不顾身后祸患的人，对鼠目寸光、利令智昏的这类人提出警告；也比喻有人一心想暗算别人，却没料到有其他人也想暗算他。

本文选自刘向的《说苑·正谏》。刘向，著名经学家、目录学家、文学家。刘向散文的主要特色是叙事简约，理论畅达、舒缓平易。

（二）应用

假：（1）借、贷。如《送东阳马生序》：“以是人多以书假余，余因得遍观群书。”（2）凭借、借助。如《荀子·劝学》：“君子生非异也，善假于物也。”（3）用、须。如《与陈伯之书》：“将军之所知，不假仆一二谈也。”（4）给予。如《谭嗣同》：“汉人未可假大兵权。”（5）非正式的、代理的。如《史记·项羽本纪》：“乃相与共立项羽为假上将军。”（6）虚假的、假的。如《朝天子·咏喇叭》：“那里去辨甚么真共假？”（7）假装、装作。如《狼》：“乃悟前狼假寐，盖以诱敌。”（8）通“格”，正也。“假”与“格”古通用。如《周易·家人》：“九五，王假有家，勿恤，吉。”

【译文】

吴王想要讨伐楚国，告知他的大臣说：“敢有规劝者就被处死！”宫廷侍从中有一个年轻人想要规劝却不敢，就怀藏弹丸手持弹弓，在后花园游荡，露水湿透他的衣裳，如这样的情况有三个早上。吴王说：“你前来，像这样露水沾湿衣服又何苦呢？”侍从回答说：“园中有一棵树，树上有一只蝉，蝉高高地处于树梢上悲声鸣叫，吸饮露水，不知螳螂在它的身后；螳螂萎缩身体弯曲脚背（依附在树上），想要猎取蝉，可是不知道有只黄雀在它的旁边；黄雀伸长颈项，想要啄食螳螂，却不知道有个弹弓在它的下面啊。这三个小动物都极力想要获得它们眼前的利益，却没有回头看它们身后的隐患。”吴王说：“好啊！”于是停止了他的兵事。

33.鸦狐

【导引】

（一）评析

人往往有一个弱点，就是喜欢听别人的称赞，经不起眼前巨大利益的诱惑。即使这种称赞言过其实、夸大其词，即使这种诱惑就是一个谎言一个设计好的圈套。我们也往往照单全收、喜乐于听，我们也往往信步向前、陷身其中而不顾。

（二）要点

1. 实词：善、清、羡。

2. 虚词：以为、见。

3. 句子：闻先生有《霓裳羽衣》之妙，特来一聆仙曲，以清俗耳。

鸦本不善鸣①。一日，口衔食物，稳栖树上。适②有饿狐见之，欲夺其食，无以为法，乃心生一计③，曰："闻先生有《霓裳羽衣》④之妙，特来一聆⑤仙曲，以清俗耳。幸勿见却⑥！"

鸦信为然⑦，喜不自胜，遂⑧开声张口，其食物已脱落矣。狐则拾之，谓鸦曰："将来有羡⑨先生唱者，切勿信之，必有故⑩也。"

俗云：甜言须防是饵。

【注释】

①鸣：鸣叫。②适：正好，恰好。③计：计策，办法。④《霓裳羽衣》：舞曲名。本是西域乐曲和舞蹈的一种，唐朝开元年间传入中原。⑤聆：听，聆听。⑥却：推辞，不接受。⑦然：对的，准确的。⑧遂：终于，竟。⑨羡：羡慕，仰慕。⑩故：原因。

【训练】

1. 解释下列句中加点的词。

（1）稳栖树上（   ）　　（2）欲夺其食（   ）

（3）幸勿见却（   ）　　（4）喜不自胜（   ）

2. 把下列句子翻译成现代汉语。

（1）适有饿狐见之，欲夺其食，无以为法，乃心生一计。

_____

（2）闻先生有《霓裳羽衣》之妙，特来一聆仙曲，以清俗耳。

_____

（3）俗云：甜言须防是饵。

_____

3. 有关这则寓言故事告诉我们的道理，下列说法最准确的一项是（　　　　）。

A. 一切赞美的话都是谎言，我们绝不能相信

B. 一个人如果赞美你、夸奖你，那他必定有不良企图

C. 不能轻易相信别人的话，特别是别人的吹捧话、奉承话，要有自己的主见，保持清醒的头脑

D. 一个人要谦虚谨慎，不要轻易表现自己的才华，更不能卖弄

4. 请你说说狐狸具有哪些形象特点。

【拓展】

（一）阐发

这个故事告诉我们这样一个道理：不能轻易相信别人的话，特别是别人的吹捧话、奉承话，要有自己的主见，认清自己并保持清醒的头脑，这样才不会受骗。

伊万·安德列耶维奇·克雷洛夫（1769—1844），俄国著名寓言作家，也是世界三大寓言家之一，其他两位是古希腊的伊索和法国的拉封丹。

（二）应用

其：

1. 用作代词

（1）第三人称代词，做领属性定语，可译为"他的""它的"（包括复数）。如《廉颇蔺相如列传》："臣从其计，大王亦幸赦臣。"

（2）第三人称代词，做主谓短语中的小主语，译为"他""它"（包括复数）。如《廉颇蔺相如列传》："秦王恐其破壁。"又如《师说》："其闻道也，固先乎吾。"

（3）活用为第一人称或第二人称，译为"我的""我（自己）"或者"你的""你"。如《赤壁之战》："今肃迎操，操当以肃还付乡党，品其名位，犹不失下曹从事。"又如《游褒禅山记》："而余亦悔其随之而不得极夫游之乐也。"再如《触龙说赵太后》："老臣以媪为长安君计短也，故以为其爱不若燕后。"

（4）指示代词，表示远指，可译为"那""那个""那些""那里"。如《游褒禅山记》："既其出，则或咎其欲出者。"又如《赤壁之战》："今操得荆州，奄有其地。"再如《孔雀东南飞》："不嫁义郎体，其往欲何云？"

（5）指示代词，表示近指，相当于"这""这个""这些"。如《捕蛇者说》："有蒋氏者，专其利三世矣。"又表示"其中的"，后面多为数词。如《石钟山记》："于乱石间择其一二扣之。"

2. 用作副词

（1）加强祈使语气，相当于"可""还是"。如《唐雎不辱使命》："寡人欲以五百里之地易安陵，安陵君其许寡人！"又如《烛之武退秦师》："攻之不克，围之

不继，吾其还也。"再如《伶官传序》："与尔三矢，尔其无忘乃父之志！"

（2）加强揣测语气，相当于"恐怕""或许""大概""可能"。如《师说》："圣人之所以为圣，愚人之所以为愚，其皆出于此乎？"又如《庄暴见孟子》："王之好乐甚，则齐国其庶几乎？"

（3）加强反问语气，相当于"难道""怎么"。如《愚公移山》："以残年余力，曾不能毁山之一毛，其如土石何？"又如《游褒禅山记》："尽吾志也而不能至者，可以无悔矣，其孰能讥之乎？"再如《蹇叔哭师》："且行千里，其谁不知？"

3. 用作连词

（1）表示选择关系，相当于"是……还是……"。如《马说》："其真无马邪？其真不知马也？"又如《祭十二郎文》："呜呼！其信然邪？其梦邪？其传之非其真邪？"

（2）表示假设关系，相当于"如果"。如《送东阳马生序》："其业有不精，德有不成者，非天质之卑，则心不若余之专耳。"又如《孟子见梁襄王》："沛然下雨，则苗浡然兴之矣。其如是，孰能御之？"

4. 助词，起调节音节的作用，可不译

如《离骚》："路曼曼其修远兮，吾将上下而求索。""佩缤纷其繁饰兮，芳菲菲其弥章。"

何其：译为"多么"。如《伶官传序》："至于誓天断发，泣下沾襟，何其衰也！"

【译文】

乌鸦本来就不善于鸣叫。一天，乌鸦嘴里叼着食物在树上稳稳地栖息。恰好有一只饥饿的狐狸看见了这个情况，它想要夺走乌鸦的食物，没有用来采取的办法，于是心中生出一个计谋，说道："听闻乌鸦先生拥有像《霓裳羽衣》曲一样美妙的歌声，我特意前来聆听您的仙曲，用来洁净我那世俗的耳朵。希望不要推辞我！"

乌鸦深信以为是的，欣喜不能控制自己，终于张口开唱，它的食物已经掉落。狐狸就捡取了，狐狸对乌鸦说："将来有仰慕先生唱歌的人，务必不要相信他，必定是有缘故的。"

俗话说：面对甜蜜言语必须提防是诱饵啊。

34.鹬①蚌②相争

【导引】

（一）评析

本文讲述了鹬蚌相争而让渔翁得利的故事，比喻矛盾双方相持不下而使第三者从中得利。寓意：同类之间应当互助、宽容，而不是钩心斗角。遇到矛盾或者处理错综复杂的问题时，要学会谦让，更要懂得权衡利弊得失；否则矛盾双方两败俱伤，甚至会让第三者钻了空子，而使彼此都遭受灾难。

"鹬蚌相争，渔翁得利"现已成为一个家喻户晓的成语。

（二）要点

1. 实词：曝、箝、相。

2. 虚词：而。

3. 句子：两者不肯相舍，渔者得而并擒之。

　　蚌方③出曝，而鹬啄其肉，蚌合而箝④其喙。鹬曰："今日不雨⑤，明日不雨，即⑥有死蚌。"蚌亦谓⑦鹬曰："今日不出，明日不出，即有死鹬。"两者不肯相舍，渔者得而并⑧擒之。

【注释】

①鹬（yù）：一种水鸟，羽毛呈茶褐色，嘴和腿都细长，常在浅水边或水田中捕食小鱼、昆虫、河蚌等。②蚌（bàng）：贝类，软体动物，有两个椭圆形介壳，可以开闭。③方：正，刚刚。④箝（qián）：同"钳"，夹（此处用作动词）。⑤雨：下雨（此处用作动词）。⑥即：就，当即。⑦谓：告诉，对……说。⑧并：一起，一齐。

【训练】

1. 解释下列句中加点的词。

（1）蚌方出曝　　（　　　　　　　）　　（2）而鹬啄其肉　　（　　　　　　　）

（3）两者不肯相舍（　　　　　　　）　　（4）渔者得而并擒之（　　　　　　　）

2. 把下列句子翻译成现代汉语。

（1）蚌方出曝，而鹬啄其肉，蚌合而箝其喙。

_____

（2）两者不肯相舍，渔者得而并擒之。

_____

3. 读了这个故事，或许你也受到了一定的启示，请联系生活实际谈谈你的看法。

_____

_____

【拓展】

（一）阐发

本文选自《战国策》。《战国策》是一部国别体史学著作，书名为西汉末刘向所拟定,作者并非一人,成书也并非一时。该书主要记述了战国时期纵横家的主张和策略,展示了东周战国时代的历史特点和社会风貌,是研究战国历史的重要典籍。

(二)应用

相:(1)对方,如"两者不肯相舍"。(2)我,指代说话人。如《孔雀东南飞》:"便可白公姥,及时相遣归。"刘兰芝是告诉其夫焦仲卿把自己休了,而不是"互相"休了。(3)她,如《孔雀东南飞》:"勤心养公姥,好自相扶将。"语境是刘兰芝在被休离开焦家时对小姑子交代的话,让她代自己照顾好婆婆。(4)他,如《愚公移山》:"杂然相许。"语境是大家听了愚公的话后,纷纷同意了愚公的提议。

"相"字这种类似代词的用法,其特点是"相"字之后的动词没有相应的宾语,所以,"相"字起的是前置宾语的作用,现代汉语中也保留着"相"字的此种用法,如"实不相瞒"和"好言相劝"中的"相",都偏指动作的另一方。"相"字的具体翻译必须结合具体的语境来认真推敲,不能笼统地都理解为"互相""彼此"等。

【译文】

一只河蚌正从水里出来晒太阳,一只鹬啄它的肉,河蚌闭拢蚌壳并夹住了鹬的嘴。鹬说:"今天不下雨,明天不下雨,就会出现死蚌。"河蚌也告诉鹬说:"今天你的嘴不出去,明天你的嘴不出去,就会有死鹬。"两者都不肯放弃对方,渔夫找到了它们就一起捉住了它们。

35.守株待兔

【导引】

(一)评析

野兔撞到树桩上是一件非常偶然的事情,但宋国的这个农人竟然把一次偶然当成必然,不惜放下农活,专门守候等待偶然事件的再一次出现,最后他自己成为国人的笑料。

(二)要点

1.实词:走、释、冀。

2.虚词:因、为。

3.句子:兔不可复得,而身为宋国笑。

宋人有耕者。田中有株①,兔走②触③株,折颈而死。因释其耒④而守株,冀复得兔。兔不可复得,而身为宋国笑。

【注释】

①株：露出地面的树根。②走：跑，奔跑。③触：触碰、碰撞。④耒 (lěi)：一种农具，形状像木叉。

【训练】

1. 解释下列句中加点的词。

（1）兔走触株（　　　　　　　）　　（2）因释其耒而守株（　　　　　　　　）

（3）冀复得兔（　　　　　　　）　　（4）而身为宋国笑　（　　　　　　　　）

2. 下列选项中加点字的意思不同的一组是（　　　）。

A. 兔走触株　　　　走马观花　　　　B. 因释其耒　　爱不释手

C. 而身为宋国笑　　谈笑风生　　　　D. 田中有株　　守株待兔

3. 把下列句子翻译成现代汉语。

（1）宋人有耕者。

_____

（2）兔不可复得，而身为宋国笑。

_____

4. 请用生动的语言描述宋人守株待兔的场景。

_____

5. 这则寓言故事的寓意是什么？请联系生活实际谈谈你的感想。

_____

_____

【拓展】

（一）阐发

这是一则脍炙人口的寓言故事。"守株待兔"原比喻希图不经过努力而得到成功的侥幸心理，现也比喻死守狭隘经验，不知变通。

（二）应用

何：

1. 用作疑问代词。（1）单独作谓语，后面常有语气助词"哉""也"，可译为"为什么""什么原因"。如《廉颇蔺相如列传》："何者？严大国之威以修敬也。"又如《岳阳楼记》："予尝求古仁人之心，或异二者之为，何哉？"再如《六国论》："齐人未尝赂秦，终继五国迁灭，何哉？"（2）作动词或介词的宾语，可译为"哪里""什么"，后置。如《赤壁之战》："豫州今欲何至？"又如《鸿门宴》："大王来何操？"再如《触龙说赵太后》："一旦山陵崩，长安君何以自托于赵？"（3）作定语，可译为"什么""哪"。如《琵琶行》："其间旦暮闻何物，杜鹃啼血猿哀鸣。"又如《岳阳楼记》："然则何时而乐耶？"

　　2.用作疑问副词。(1)用在句首或动词前,常表示反问,可译为"为什么""怎么"。如《赤壁之战》："何不按兵束甲,北面而事之？"又如《邹忌讽齐王纳谏》："徐公何能及君也？"(2)用在形容词前,表示程度深,可译为"怎么""多么""怎么这样"。如《伶官传序》："至于誓天断发,泣下沾襟,何其衰也！"

　　3.作语助词,相当于"啊"。如《孔雀东南飞》："新妇车在后,隐隐何甸甸。"

　　4.通"呵",喝问。如《过秦论》："信臣精卒陈利兵而谁何。"(谁何：呵问是谁,检查盘问之意)

　　何如、奈何、若何：表示疑问或反问,译为"怎么样""怎么办""为什么"。如《季氏将伐颛臾》："以五十步笑百步,则何如？"又如《五人墓碑记》："其辱人贱行,视五人之死,轻重固何如哉？"再如《鸿门宴》："沛公大惊,曰：'为之奈何？'"还有《阿房宫赋》："奈何取之尽锱铢,用之如泥沙？"

　　何以："以何",介宾短语,用于疑问句中作状语,根据"以"的不同用法,分别相当于"拿什么""凭什么"等。　如《触龙说赵太后》："一旦山陵崩,长安君何以自托于赵？"又如《齐桓晋文之事》："不为者与不能者之形何以异？"再如《庄暴见孟子》："吾王庶几无疾病与,何以能鼓乐也？"

　　无何：不久、没多久。如《促织》："抚军不忘所自,无何,宰以卓异闻,宰悦,免成役。"

　　何乃：怎能。如《孔雀东南飞》："阿母谓府吏：何乃太区区！"

【译文】

　　宋国有个种地的农人。他的田地中有一截树桩,一只野兔奔跑着撞到了露出地面的树桩,折断颈项而死。农人于是便放下他的农具而在树桩边守候,希望再次得到兔子。野兔不可能再次得到,而他自己被宋国人耻笑。

守株待兔

读书

36.《论语》六则

【导引】

（一）评析

《论语》六则内容有的讲学习态度，有的讲学习方法，还有的讲个人修养。

孔子很重视学习态度，强调要终身"好学不厌"。他肯定孔圉"敏而好学"，而且谦虚地说自己都没有做到"学而不厌"。他还特别提倡互相学习的态度："有朋自远方来，不亦乐乎？"这种"乐"，是与朋友相互学习研讨之乐，是增长学识之乐。最可贵的是孔子提倡"不耻下问"的精神，他肯定学生孔圉"不耻下问"的精神，其实他自己就是楷模。"三人行，必有我师焉"指出无论何时何地都要虚心向别人学习。

《论语》是由孔子弟子及其再传弟子编写而成的，至战国前期成书，主要记录孔子及其弟子的言行，较为集中地体现了孔子的政治主张、伦理思想及教育原则等。

（二）要点

1. 实词：习、愠、罔、逾。

2. 虚词：之、焉。

3. 句子：人不知而不愠，不亦君子乎？

子曰："学而时①习②之，不亦说乎？有朋③自远方来，不亦乐乎？人④不知⑤而不愠，不亦君子乎？"

子曰："温故⑥而知新，可以为师矣。"

子曰："学而⑦不思则罔⑧，思而不学则殆⑨。"

子曰："知之者不如好之者，好之者不如乐之者。"

子曰："三人行，必有我师焉；择其善者而从之，其不善者而改之。"

子曰："吾十有五⑩而志于学，三十而立⑪，四十而不惑，五十而知天命⑫，六十而耳顺⑬，七十而从心所欲，不逾矩⑭。"

【注释】

①时：时常、常常。②习：实习、实践、演习。③朋：同一师门的师兄弟。

④人：别人。⑤知：了解。⑥故：旧，这里指学过的知识。⑦而：连词，表转折，但是，却。⑧罔：通"惘"，迷惑不解。⑨殆：学业上陷入困境危险。⑩十有五：十五岁。有，通"又"，用在整数与零数之间。⑪立：能立于世，指知道按礼的规定去立身行事，有能力去做官，供养自己。⑫天命：具有上天的旨意、自然的禀性与天性、人生的道义和职责等多重含义。⑬耳顺：意思是听到的话能够辨别其真伪是非。⑭不逾矩：指不超越法度。

【训练】

1. 解释下列句中加点的词。

（1）不亦说乎　　（　　　　　　）　　（2）人不知而不愠　（　　　　　　）

（3）可以为师矣（　　　　　　）　　（4）择其善者而从之（　　　　　　）

2. 把下列句子翻译成现代汉语。

（1）学而不思则罔，思而不学则殆。

_____

（2）择其善者而从之，其不善者而改之。

_____

3. 对"三人行，必有我师焉"的翻译，正确的是（　　　　）。

A. 三个人一同走路，其中一定有我的老师。

B. 三个人一同走路，其中一定有可以做我老师的人。

C. 几个人一同走路，其中一定有我的老师。

D. 几个人一同走路，其中一定有可以做我老师的人。

4. 下列句子按学习方法与学习态度分类，正确的一项是（　　　　）。

①知之者不如好之者，好之者不如乐之者。

②温故而知新，可以为师矣。

③学而不思则罔，思而不学则殆。

④三人行，必有我师焉。

A. ①②③／④　　　B. ②③／①④　　　C. ①②／③④　　　D. ①③／②④

【拓展】

（一）阐发

孔子（前551—前479），字仲尼，祖籍宋国栗邑（今河南夏邑），出生于鲁国陬邑（今山东曲阜），是中国古代著名的思想家、教育家，儒家学派创始人。传说孔子曾向郯子、苌弘、师襄、老聃等人学习，是一个虚心求教、善于学习的人，所以成为古今闻名的大教育家。

他的学说以"仁"为核心，以"礼"为手段，"祖述尧舜，宪章文武"。在政治态度上是保守的，满足有权势者维持旧秩序的要求。通过自汉代董仲舒以来儒家大师的补充修正改造，他的思想经过系统化，成为我国封建社会的统治思想，孔子本人也被历代统治者奉为"至圣先师"。

《大学》《中庸》《论语》《孟子》并称"四书"；《诗经》《尚书》《礼记》《周易》《春秋》并称"五经"。

（二）应用

之：

1. 代词

（1）第三人称代词，他、她、它（们），有时活用为第一人称或第二人称。

①《触龙说赵太后》："太后盛气而揖之。"

②《廉颇蔺相如列传》："不知将军宽之至此也。"（之：我）

③《信陵君窃符救赵》："臣乃市井鼓刀屠者，而公子亲数存之。"（之：我）

④《信陵君窃符救赵》："且公子纵轻胜，弃之降秦，独不怜公子姊邪？"（之：我）

⑤《与妻书》："然语之，又恐汝日日为吾担忧。"（之：你）

（2）指示代词，这、此。

①《季氏将伐颛臾》："夫子欲之，吾二臣者皆不欲也。"

②《季氏将伐颛臾》："君子疾夫舍曰欲之而必为之辞。"（前一个"之"，这样；后一个"之"，它）

③《逍遥游》："之二虫又何知？"

④《廉颇蔺相如列传》："均之二策，宁许以负秦曲。"

2. 助词

（1）相当于现代汉语的"的"，放在定语和中心语之间。

①《季氏将伐颛臾》："虎兕出于柙，龟玉毁于椟中，是谁之过与？"

②《勾践灭吴》："子而思报父母之仇，臣而思报君之仇。"

（2）放在主语和谓语之间，取消句子的独立性。

①《烛之武退秦师》："臣之壮也，犹不如人；今老矣，无能为也已。"

②《邹忌讽齐王纳谏》："客之美我者，欲有求于我也。"

③《勾践灭吴》："不患其众之不足也，而患其志行之少耻也。"

④《孟子·梁惠王上》："王无异于百姓之以王为爱也。"

（3）放在倒置的动（介）宾短语之间，作为宾语提前的标志。

①《师说》："句读之不知，惑之不解，或师焉，或不焉。"

②《信陵君窃符救赵》："譬若以肉投馁虎，何功之有哉？"

③《齐桓晋文之事》："诗云：'他人有心，予忖度之。'夫子之谓也。"

（4）放在倒置的定语与中心语之间，作为定语后置的标志。

①《劝学》："蚓无爪牙之利，筋骨之强。"

②《屈原列传》："人又谁能以身之察察，受物之汶汶者乎！"

（5）用在时间词或动词（多为不及物动词）后面，凑足音节，没有实在意义。

①《寡人之于国也》："填然鼓之，兵刃既接，弃甲曳兵而走。"

②《项脊轩志》："余扃牖而居，久之，能以足音辨人。"

③《赤壁之战》："顷之，烟炎张天。"

3. 动词，到……去

（1）《归去来兮辞》："胡为乎遑遑欲何之？"

（2）《逍遥游》："奚以之九万里而南为？"

（3）《齐桓晋文之事》："有牵牛而过堂下者，王见之，曰：'牛何之？'"

（4）《齐人有一妻一妾》："卒之东郭墦间，之祭者，乞其余；不足，又顾而之他。"

【译文】

孔子说："能够常常温习学过的知识，不是一件愉快的事情吗？有同门师兄弟从远方来，不也是一件快乐的事情吗？别人不了解你，你又不生气，不正是君子的作为吗？"

孔子说："温习学过的知识并获得新的理解和体会，就可以凭借于此当老师了。"

孔子说："光学习不思考，就会（因为不思甚解而）迷惑不解；光思考不学习，就会（因为思路狭窄而）危险。"

孔子说："懂得学习的人比不上喜爱学习的人；喜爱学习的人比不上以学习为乐趣的人。"

孔子说："几个人在一起行路，一定有可以作为我的教师的人在中间；选择他们的长处来学习，他们的短处（自己如果也有），就要改掉它。"

孔子说："我十五岁立志学习，三十岁确立自己的理想，四十岁面对任何事都能从容面对不疑惑，五十岁的时候我懂得自然的规律和法则，六十岁时无论听到什么，不用多加思考，都能领会其中的意思，并明辨是非，七十岁随自己心意，想怎样就怎样，而不逾越法度规矩。"

37.读书有三到

【导引】

（一）评析

朱熹对读书很有研究，在总结前人读书经验的基础上提出了"读书有三到"，告诉我们读书要高度集中注意力，才能加快阅读速度，提高阅读质量。

（二）要点

1. 实词：牵强、晓、漫浪。

2. 虚词：则、既、亦。

3. 句子：心既到矣，眼口岂不到乎？

　　凡读书……须要读得字字响亮，不可误①一字，不可少一字，不可多一字，不可倒一字，不可牵强暗记②，只是要多诵遍数，自然上口，久远不忘。古人云："读书百遍，其义自见③。"谓读得熟，则不待解说，自晓其义也。余尝谓，读书有三到，谓心到、眼到、口到。心不在此，则④眼不看子细，心眼既不专一，却只漫浪⑤诵读，决不能记，记亦不能久也。三到之中，心到最急。心既到矣，眼口岂⑥不到乎⑦？

【注释】

①误：错误、差错。②牵强暗记：勉强默背大意。③见：通"现"，表露出来。④则：那么。⑤漫浪：随随便便，漫不经心。⑥岂：怎么。⑦乎：语气词，相当于"呢"。

【训练】

1. 解释下列句中加点的词。

（1）不可倒一字（　　　　　　）　（2）自晓其义也（　　　　　　　）

（3）余尝谓　　（　　　　　　）　（4）心既到矣　（　　　　　　　）

2. 把下列句子翻译成现代汉语。

（1）不可倒一字，不可牵强暗记。

_____

（2）谓读得熟，则不待解说，自晓其义也。

_____

（3）心既到矣，眼口岂不到乎？

_____

3. 作者在这段话中要表达的意思是什么？请用自己的话概括。

_____

【拓展】

（一）阐发

本文出自南宋朱熹的《训学斋规》。朱熹是南宋时期理学大家，又是著名的教育家。他一生大部分时间都在读书和教书，提出过许多精辟的见解。他死后不久，弟子们将他的读书经验归纳为六条,称为"朱子读书法",对于今人,仍有启示和借鉴意义。

(二)应用

谓:(1)告诉;对……说。如《鸿门宴》:"请往谓项伯,言沛公不敢背项王也。"(2)叫作、称为。如《游褒禅山记》:"褒禅山亦谓之华山。"(3)以为、认为。如《赤壁之战》:"愚谓大计不如迎之。"(4)通"为",因为。如《列子》:"亦不以众人之观易其情貌,亦不谓众人之不观不易其情貌。"

【译文】

凡是读书……须要读得字字响亮有声,不可以读错一个字,不可以少读一个字,不可以多读一个字,不可以读颠倒一个字,不可以勉强硬记,只要多诵读几遍,自然而然就顺口而出,时间久远也不会忘记。古人说:"读书百遍,其义自然表露出来。"就是说读得熟了,那么不依靠别人解释说明,自己就通晓它的道理了。我曾经说过,读书有三到,叫作心到、眼到、口到。心思不在书本上,那么眼睛就不会仔细看,心和眼既然不能专注于一处,却只是随随便便地诵读,一定不能记住,(即使)记住了也不能长久。三到之中,心到最重要。心思已经到了,眼和口难道会不到吗?

38.论志向

【导引】

(一)评析

本文呈现的是孔门师生之间在和谐的气氛下切磋的场景。

在这一章里,孔子及其弟子们自述志向,主要谈的是个人的道德修养及为人处世的态度。孔子重视培养"仁"的道德情操,且从各方面严格要求自己和学生,从中展现出了孔门师生各自的性格特点与人生志向。

在这一章里,还可以看出,只有孔子的志向最接近于"仁德"。在这里,孔子明确表达了自己的价值取向和理想追求,即"老者安之,朋友信之,少者怀之"。这十二个字为我们描绘了理想社会的基本要求,因此看似简单,内涵实则深远。

(二)要点

1. 实词:侍、愿、敝。

2. 虚词:盍、而。

3. 句子:愿无伐善,无施劳。

颜渊、季路侍①。子曰："盍各言尔志？"子路曰："愿车马衣裘②与朋友共，敝之而无憾。"颜渊曰："愿无伐善，无施③劳。"子路曰："愿闻子之志。"子曰："老者安④之，朋友信之，少者怀之。"

【注释】

①侍：卑者站在尊者身旁陪伴；服侍。②衣裘：夏衣冬裘。专指皮裘或泛指衣服。③施：散布、铺陈。④安：使……安逸。

【训练】

1. 解释下列句中加点的词。

（1）盍各言尔志（　　　　　　　）　　（2）敝之而无憾（　　　　　　　　　）

（3）愿无伐善　（　　　　　　　）　　（4）少者怀之　（　　　　　　　　　）

2. 把下列句子翻译成现代汉语。

（1）子曰："盍各言尔志？"

_____

（2）愿无伐善，无施劳。

_____

（3）老者安之，朋友信之，少者怀之。

_____

3. 本文材料简短，但三人各直抒其志，在对话中呈现出鲜明的人物性格。请任选一人说说你的理解。

_____

【拓展】

（一）阐发

本文选自《论语》。《论语》是儒家学派的经典著作之一，由孔子的弟子及其再传弟子编撰而成。它以语录体和对话文体为主，记录了孔子及其弟子的言行，集中体现了孔子的政治主张、伦理思想、道德观念及教育原则等。

（二）应用

尔：（1）第二人称代词，你（们）、你（们）的。如《殽之战》："尔何知，中寿，尔墓之木拱矣。"（2）指示代词，这、那，这样、如此。如《孔雀东南飞》："同是被逼迫，君尔妾亦然。"又如《出师表》："受任于败军之际，奉命于危难之间，尔来二十有一年矣。"（3）形容词、副词词尾。如《鱼我所欲也》："呼尔而与之，行道之人弗受；蹴尔而与之，乞人不屑也。"又如《小石潭记》："俶尔远逝，往来翕忽。"（4）语气词，通"耳"，相当于"而已"，可译作"罢了"。如《唐雎不辱使命》："布衣之怒亦免冠徒跣以头抢地尔。"又如《卖油翁》:"无他,但手熟尔。"(5)语气词,表示肯定。如《捕蛇者说》:"与吾居十二年者,今其室十无四五焉。非死则徒尔。"(6)近。如《周礼·地官·肆长》:"名相近者相远也,实相近者相尔也。"

【译文】

颜渊、子路站在孔子身边陪伴着。孔子说:"何不各自说说你们的志向呢?"子路说:"我希望自己的车马、夏衣冬裘与朋友共享,用坏了它们但没有遗憾。"颜渊说:"希望不夸耀自己的好处,不铺陈自己的功劳。"子路说:"希望听听您的志向。"孔子说:"对待老人使他们(生活)安逸,对待朋友使他们(获得)信任,对待年少的人使他们(得到)关怀。"

39.两小儿辩日

【导引】

(一)评析

本文叙写了孔子路遇两个小孩争辩太阳远近的场景。有学问的孔子面对孩子的"问题"却不能做出决断,既说明了知识范畴的无穷无尽,也赞扬了孔子实事求是、敢于承认自己学识不足的精神。

民间故事往往蕴含着古代劳动者敢于探求客观真理,并独立思考、大胆质疑的精神。

(二)要点

1. 实词:游、辩斗、探汤。

2. 虚词:而、乎、也。

3. 句子:孔子不能决也。

孔子东游,见两小儿辩斗①,问其故②。

一儿曰:"我以③日始④出时去人近,而日中⑤时远也。"

一儿以日初出远,而日中时近也。

一儿曰:"日初出大如车盖⑥,及日中则如盘盂⑦,此不为⑧远者小而近者大乎?"

一儿曰:"日初出沧沧⑨凉凉,及其日中如探汤,此不为近者热而远者凉乎?"

孔子不能决也。

两小儿笑曰:"孰为⑩汝⑪多知乎?"

【注释】

①辩斗：争辩、争论、辩论。②故：缘故、原因。③以：认为。④始：刚刚，才。⑤中：半、一半。⑥车盖：古时车上的篷盖，像雨伞一样呈圆形。⑦盘盂（yú）：古代盛放食物的器皿。圆者为盘，方者为盂。⑧为：是。⑨沧（cāng）沧：寒冷。⑩为：认为。⑪汝（rǔ）：你。

【训练】

1. 解释下列句中加点的词。

（1）孔子东游　　（　　　　）　　（2）我以日始出时去人近（　　　　）

（3）及其日中如探汤（　　　　）　　（4）孰为汝多知乎（　　　）（　　　）

2. 把下列句子翻译成现代汉语。

（1）此不为远者小而近者大乎？

_____

（2）此不为近者热而远者凉乎？

_____

（3）孔子不能决也。

_____

3. 文中两小儿分别从什么角度提出他们各自的观点？结合你的读书经历，谈谈你对这一"问题"的看法。

_____

_____

4. 为何"孔子不能决也"？请你从知识范畴的角度谈谈你对孔子的认识。

_____

_____

【拓展】

（一）阐发

《列子》又名《冲虚经》，是春秋战国时期著名道家思想家列子（列御寇）所著经典。

后汉班固《汉书·艺文志》"道家"部分录有《列子》八卷，早已散失。

今本《列子》录有《天瑞》《仲尼》《汤问》《杨朱》《说符》《黄帝》《周穆王》《力命》等八篇，其内容多为民间故事、寓言和神话传说，从思想内容和语言使用上看，可能为东晋人搜集有关的古代资料编成的，晋张湛注释并作序。该书题材广泛，有一些颇富教育意义。

（二）应用

为：（1）表被动，相当于"被"，常和"所"组合。如《伶官传序》："身死国灭，为天下笑。"又如《鸿门宴》："若属皆且为所虏。"再如《孔雀东南飞》："为仲卿母所遣。"（2）给、替。如《鸿门宴》："为击破沛公军。"又如《桃花源记》："此人一一为具言所闻，皆叹惋。"（3）表动作行为的对象，相当于"对""向"。如《触龙说赵太后》："持其踵为之泣。"（4）表动作行为的原因，相当于"因为""由于"。如《孟子•梁惠王上》："百姓之不见保，为不用恩焉。"（5）表动作行为的目的，相当于"为了"。如《孔雀东南飞》："慎勿为妇死，贵贱情何薄。"（6）助词，用于句尾，表疑问语气，前面一般有疑问代词呼应。如《屈原列传》："何故怀瑾握瑜，而自令见放为？"（7）成为，变成。如《塞翁失马》："此何遽不为福乎？"（8）动词，做。如《为学》："为之，则难者亦易矣。"（9）作为，当作。如《伤仲永》："其诗以养父母，收族为意，传一乡秀才观之。"（10）指心理活动。如《岳阳楼记》："予尝求古仁人之心，或异二者之为。"（11）认为。如《两小儿辩日》："孰为汝多知乎？"又如《赵盾弑其君》："孰为盾而忍弑其君者乎？"再如《鸿门宴》："窃为大王不取也。"

【译文】

一天，孔子向东游历，看到两个小孩在争辩，问问他们什么原因。

一个小孩说："我认为太阳刚刚出来时离人近，而太阳（行走）一半（至中午）时离人远。"

一个小孩认为太阳刚刚出来时远，而太阳（行走）一半（至中午）时近。

一个小孩说："太阳刚出来时大得像车盖一样，到了太阳（行走）一半（至中午）时就像个盘子，这不是远时看起来小而近时看起来大吗？"

一个小孩说："太阳刚出来时感觉清清凉凉，到了太阳（行走）一半（至中午）时感觉如手探热水，这不是近时火热而远时清凉吗？"

孔子不能决断（这件事）啊。

两个小孩笑着说："谁认为您多智呢？"

日积月累（5）

文言阅读的正确打开方式

一、弄清源头把握作品发展的脉络

文言的源头在先秦。先秦作品是其后各朝作品的老师，是祖师爷。读中国古典文学，弄清源头是很有必要的，否则，只会知其然而不知其所以然。

先秦的文章，无论是理论还是结构，以至于手法，都给其后的文章提供了极佳的范本。

唐宋八大家的佼佼者苏轼，他的老师就是先秦的文章。

阅读苏轼的作品，如《前赤壁赋》《留侯论》《石钟山记》等，能感受古代文字的史诗气魄和宏大视野。然而，苏轼的老师却在先秦，苏轼一生认为对自己文章影响最大的就是《庄子》和《战国策》。

其实，无论是诸葛亮、王羲之、李白、王勃、韩愈、柳宗元，抑或是三苏、王安石、曾巩、宋濂、刘基等，他们一生中最权威的学习材料无一例外都是先秦作品。

读《谏太宗十思疏》感受魏徵的勇气，分明隐藏着臧僖伯直言劝谏鲁隐公的影子；陶渊明在《五柳先生传》里表现出来的清高、自重，源头是《楚辞·卜居》里屈原宁肯忍受孤独也不愿同流合污的形象；李白的《与韩荆州书》，分明有冯煖游说孟尝君的自信；韩愈为李贺考进士辩解的《讳辩》，可以感受到《左传》里"阴饴甥对秦伯"的妙舌生花；柳宗元的《贺进士王参元失火书》正话反说的技巧、重人品轻富贵的用意，则明显是在模仿《国语》中的"叔向贺贫"。

二、透过文字领略作品体现的纯美

《桃花源记》里的"复行数十步，豁然开朗。土地平旷，屋舍俨然，有良田美池桑竹之属。阡陌交通，鸡犬相闻。其中往来种作，男女衣着，悉如外人。黄发垂髫，并怡然自乐"，充满无限的生活情趣。

《陋室铭》里的"山不在高，有仙则名；水不在深，有龙则灵"，《醉翁亭记》里的"朝而往，暮而归，四时之景不同，而乐亦无穷也"，散发着文化人的浓郁味道。

《岳阳楼记》里的"若夫霪雨霏霏，连月不开，阴风怒号，浊浪排空；日星隐曜，山岳潜形；商旅不行，樯倾楫摧；薄暮冥冥，虎啸猿啼"，画面感强烈，突出了作者的个人情怀。

三、瞻前顾后理清作品人物关系

一篇文言文，虽然是写一个主要人物，但也会或多或少地与其他次要人物发生联系。理清人物之间的关系，也是读懂文言文必不可少的一环。

如某年考卷的文言文段，虽然主要是写廖刚的，而且绝大多数事情都与廖刚有关，句子省略的主语也大多是廖刚，但文章也提到了廖刚的儿子廖迟、盗贼、章悖、蔡卞、章杰、郑亿年、秦桧、老宰相、王次翁、金人，还涉及钦宗、徽宗等这么多的人物。他们做了什么、说了什么、与廖刚有着怎样的关系，以及和廖刚发生了什么关联，阅读的时候是一定要搞清楚的。

我们读人物类的文言文，一定要有人物关系的概念。首要是明白某句话是谁说的，某个动作、事情是谁所为，才能理解文意；否则，阅读毫无章法就毫无头绪感。

四、综观上下贯通文句表达的文义

如果单独地、孤立地看某一个词、某一个句子，是很难看懂的，必须上下贯通，整体钩联，才能推敲得出文义。

《臧僖伯谏观鱼》："故讲事以度轨量，谓之'轨'；取材以章物采，谓之'物'。不轨不物，谓之乱政。"这里的"轨""物"和我们平常所理解的含义几乎是两回事，读文章读到这里的时候，如果古今概念转换不过来，围绕这两个字纠结，就会影响进一步的阅读和理解。

只有从整体上去看，从整体上去思考，联系上下句思考，才能把握文中句子的具体意思。

例如，某试卷有一试题——"与转一资"，这句话是什么意思呢？

联系其前后文义，把这句话置于全文中来推敲，才能把握它的准确意思。其前文说，将校有能力耕田和打仗的，应格外赏赐，每耕田一顷应该赏赐，那赏赐多少呢？一贯通文义可知，原来是"赏赐一袋物资"的意思。

再如"复以租赋"，单独看也是很难看懂的，接着前面来看，将校有能力耕田和打仗的，应格外赏赐。那百姓呢？百姓是愿意耕种的，应该"免除赋税"，如此，"复以租赋"可以理解为"免除赋税"。

综观总览、上下贯通，适合阅读包括人物传记、游记、散文、论说文、序、跋、书信等所有体裁的文言文段。

五、懂得国学常识拓展阅读视野

古代文化常识涉及职官典制、民生礼俗、哲学宗教等。诸如《左传》《战国策》《国语》这些典籍，它们是专门记载军国大事的，要么是郑庄公吩咐如何保卫国家的安全，要么是晋国吕相向秦国宣战，还有子产和晋国公卿当场争辩，以及晋国使者作为战场失败国家的代表去同秦国谈判，都是堂而皇之的国家大事，语言庄重而犀利，不卑不亢，巧妙而有原则，这里面很多都是国家文件。

试列举几类如下：一是姓名和称谓。如人称姓名、谦称、敬称、贱称、名、字、号、谥号、庙号、年号、改元、尊号、徽号、年龄称谓、作品命名等。二是官职和科举。三是地理常识,如山川关隘名等。四是宗法礼俗,如尊卑、忌讳、避讳等。五是服饰器物。六是历法刑法,如纪年法、纪月法等。七是外交辞令,让人在理论认识上有高屋建瓴的视野。另外,还需了解古籍注释体例,如传、注、笺、疏、诠、训等。

六、掌握特定技巧精准解读文本

文言文是一种语言表达非常凝练的文体,在语言组织上有高度浓缩的技巧。像《左传》《国语》《战国策》《史记》之类的作品,其语言的高度凝练、视野的宏大宽阔,后世是很难企及的。对于事件和人物的评价,往往一两个字就能写得恰到好处。

例如"周郑交质"里讲到互信原则:"信不由中,质无益也。"短短八个字,就将周朝和郑国纠结的外交关键问题讲得清清楚楚,因为它们交往没有发自内心的真诚,再多抵押也徒劳。

解读或翻译文言文的时候,对于那些省略的成分要补全,对于一些铺陈和互文的句子要进行合并,对于特殊句式或倒装句式需要进行调整,常用的方法有补、删、抄、换、并、调等。

另外,还需要掌握一些特定的文言实词的词义以及一些虚词的用法等。

专注

40.弈秋

【导引】

（一）评析

弈秋是全国最擅长下棋的人。让弈秋教两个学生，其中一个专心致志把弈秋所教的话完全记在心里；另一个虽然在听，心里却在想着也许有天鹅要飞来，想着要拿起弓和带丝绳的箭去把它射下来。结果虽然二人一同学习，后一个与前一个相比肯定是远远不如的了。由此告诉我们：不专心致志便学不好本领，只有专心致志，才能有所成就。

（二）要点

1. 实词：善、诲、援。

2. 虚词：之、惟、虽。

3. 句子：惟弈秋之为听。

弈秋①，通②国之善③弈者也。使④弈秋诲二人弈，其⑤一人专心致志，惟弈秋之为听⑥；一人虽听之，一心以为有鸿鹄⑦将⑧至，思⑨援弓缴⑩而射之。虽与之俱⑪学，弗若之矣。为⑫是其智弗若与？曰：非然也⑬。

【注释】

①弈秋：名秋的弈者，因擅长下棋，人们称他为弈秋。②通：整个，全部。③善：善于、擅长。④使：让。⑤其：其中。⑥惟弈秋之为听：只听从弈秋的。惟……之为，文言固定结构，将句中宾语予以强调而提前。⑦鸿鹄（hú）：天鹅。⑧将：将要。⑨思：想。⑩弓缴（zhuó）：弓箭。缴，系在箭上的生丝线，箭射出去，可以靠它收回来，代指箭。⑪俱：一起。⑫为：因为。⑬也：句末语气词，表示肯定语气。

【训练】

1. 解释下列句中加点的词。

（1）通国之善弈者也（　　　　　）　（2）一心以为有鸿鹄将至（　　　　　）

（3）思援弓缴而射之（　　　　　）　（4）为是其智弗若与（　　　　　）

2. 把下列句子翻译成现代汉语。

（1）惟弈秋之为听。

_____

（2）一心以为有鸿鹄将至。

_____

（3）为是其智弗若与？曰：非然也。

_____

3. 这段古文共有五句，分三层意思。请你给文章划分层次并写出行文思路。

_____

_____

【拓展】

（一）阐发

本文选自《孟子·告子上》。

《孟子》是孟子与他的弟子合著的，内容包括孟子的政治活动、政治学说、哲学思想和个性修养等。全书分为《梁惠王》《公孙丑》《滕文公》《离娄》《万章》《告子》《尽心》等七篇。

（二）应用

援：（1）拉、拽，攀缘。如《游黄山记》："石崖侧削则援崖。"（2）持、执拿。如《国殇》："援玉枹兮击鸣鼓。"（3）提出。如《送东阳马生序》："余立侍左右，援疑质理。"（4）引证、引用。如《柳敬亭传》："援古证今，极力为之。"（5）帮助、援助。如《六国论》："盖失强援，不能独完。"

【译文】

弈秋，全国最擅长下围棋的人。让弈秋教两个人下棋，其中一人专心致志地学，只听从弈秋的教诲；另一人虽然听弈秋讲，但一心认为有天鹅将要飞到，想着拉弓射天鹅。虽然（后者）与他一起学，（后者）不如前者啊。因为这是后者的智力不如前者吗？说：并非这样啊！

41.列子学射

【导引】

（一）评析

列子学射技，虽然射中，但他不知射中的道理，所以关尹子认为列子还没有学会射箭。懂得为什么能射中，才算掌握了射箭的规律，才算真正学会了射箭。学射技如此，做好一件事情也是如此，只有熟知并掌握其中的规律，做事才能得心应手。

（二）要点

1. 实词：知、为。

2. 虚词：于、弗、矣。

3. 句子：非独射也，为国与身亦皆如之。

列子①学射，中矣，请于关尹子。尹子曰："子②知子之所以③中者乎？"对④曰："弗知也。"关尹子曰："未可。"退而习之，三年，又以报关尹子。尹子曰："子知子之所以中乎？"列子曰："知之矣。"关尹子曰："可矣，守而勿失也。非独⑤射也，为国与身⑥亦皆如之。"

【注释】

①列子：名御寇，战国时郑国人。子，写在姓氏后，对人的尊称。②子：您。③之所以：……的原因。④对：回答。⑤独：仅、只有。⑥身：修身。

【训练】

1. 解释下列句中加点的词。

（1）请于关尹子　　　　（　　　　）　　　（2）又以报关尹子　　　（　　　　　）

（3）列子曰："知之矣。"（　　　　）　　　（4）为国与身亦皆如之（　　　　　）

2. 把下列句子翻译成现代汉语。

（1）子知子之所以中者乎？

_____

（2）退而习之，三年，又以报关尹子。

_____

（3）非独射也，为国与身亦皆如之。

_____

3. 在我们的日常生活中，也时常有"守正"与"举一反三"的事。请结合本故事谈谈你的生活体验。

_____

_____

【拓展】

（一）阐发

本文出自《列子·说符》。

列子（列御寇，约前450—约前375），战国时郑国圃田（今河南郑州）人，著名思想家、哲学家、文学家、教育家，道家学派的杰出代表人物，先秦天下十豪之一，被尊为"冲虚真人"。

阅读文章感悟射技的精髓，由此我们懂得：处理事务不仅要知其然，而且要知其所以然，掌握它的规律，明白其中的奥妙，才能自觉地按规律办事，才能真正做好一件事。

（二）应用

且：（1）用作连词，表递进关系，而且、并且。如《五人墓碑记》："且立石于其墓之门。"又如《赤壁之战》："肃宣权旨，论天下事势，致殷勤之意，且问备曰。"再如《赤壁之战》："彼所将中国人不过十五六万，且已久疲。"（2）用作连词，表递进关系，况且、再说。如《陈涉世家》："且壮士不死即已，死即举大名耳。"又如《赤壁之战》："且将军大势可以拒操者，长江也。"再如《六国论》："且燕赵处秦革灭殆尽之际。"（3）用作连词，表让步关系，尚且、还。如《鸿门宴》："臣死且不避，卮酒安足辞！"又如《师说》："古之圣人，其出人也远矣，犹且从师而问焉。"（4）用作连词，表并列关系，又、又……又……；一面……，一面……。如《廉颇蔺相如列传》："示赵弱且怯也。"又如《孔雀东南飞》："命如南山石，四体康且直。"再如《五人墓碑记》："凡四方之士无有不过而拜且泣者。"

【译文】

列子学射技，射中了（靶心），列子向关尹子请教（射技）。关尹子说："您知道您射中（靶心）的原因吗？"列子对答说："不知道啊。"关尹子说："不可以。"（列子）回去并研习（射技），三年后，又把射中靶心的事告知关尹子。关尹子说："您知道您射中（靶心）的原因吗？"列子说："感知射中（靶心）的道理了！"关尹子说："可以啊，掌握其中的精妙不要丢失了。不只是射技啊，治理国家和修身做人也都如同射技之道。"

42.《口技》节选

【导引】

（一）评析

本文主要叙述表演者运用口技表演了一场突然而至的火灾情形，以及宾客以假为真的神态、动作；描写了四口之家突然遭到意外变故的情形，百千人大呼、百千儿哭、百千犬吠的场景，极言声音之杂、场面之乱，但表演者的道具仅一桌、一椅、一扇、一抚尺而已。技盖至此乎？道也，进乎技矣。

（二）要点

1. 实词：曳、绝。

2. 虚词：俄而、而已。

3. 句子：忽然抚尺一下，群响毕绝。

　　忽一人大呼"火起"。夫起大呼，妇亦起大呼。两儿齐哭。俄而百千人大呼，百千儿哭，百千犬吠。中间力拉①崩倒之声，火爆声②，呼呼风声，百千齐作③；又夹百千求救声，曳屋许许声④，抢夺声，泼水声。凡所应有，无所不有。虽⑤人有百手，手有百指，不能指其一端⑥；人有百口，口有百舌，不能名其一处也。于是宾客无不变色⑦离席，奋袖出臂⑧，两股战战⑨，几欲先走。

　　忽然抚尺一下，群响毕绝。撤屏⑩视之，一人、一桌、一椅、一扇、一抚尺而已⑪。

【注释】

　　①力拉：拟声词。②火爆声：烈火燃烧物品爆裂的声音，可译为"噼里啪啦嘭"的声音。③作：发作。④许（hǔ）许声：拟声词。⑤虽：即使。⑥端：事物的一头或一方。⑦变色：改变神色。⑧奋袖出臂：扬起袖子，露出手臂。⑨战战：害怕得发抖哆嗦的样子。⑩撤屏：撤去屏风。⑪而已：用在陈述句句末，表示限止语气，相当于"罢了"。

【训练】

1. 解释下列句中加点的词。

（1）俄而百千人大呼（　　　　）　　（2）中间力拉崩倒之声（　　　　　　）

（3）几欲先走　　（　　　　）　　（4）群响毕绝　　　　（　　　　　　）

2. 把下列句子翻译成现代汉语。

（1）中间力拉崩倒之声，火爆声，呼呼风声，百千齐作。

_____

（2）于是宾客无不变色离席，奋袖出臂，两股战战，几欲先走。

_____

（3）忽然抚尺一下，群响毕绝。

_____

3. 本文运用了正面描写和侧面描写相结合的方法，请举例分析其好处。

_____

_____

【拓展】

（一）阐发

本文选自《虞初新志》。

《虞初新志》是清人张潮编选的一部笔记小说。本文记叙了一场精彩的口技表演，读来如临其境，如闻其声，令人叹服。作者笔下的这场口技表演距今已三百多年，今天仍能使我们深切地感受到这一传统民间艺术的魅力。

（二）应用

绝：（1）断、断绝。如《共工怒触不周山》："天柱折，地维绝。"（2）隔绝、隔断。如《三峡》："至于夏水襄陵，沿溯阻绝。"（3）停止、止歇。如《与朱元思书》："蝉则千转不穷，猿则百叫无绝。"（4）横渡、横穿。如《劝学》："非能水也，而绝江河。"（5）极、非常。如《核舟记》："佛印绝类弥勒。"（6）高超、绝妙。如《与朱元思书》："奇山异水，天下独绝。"

【译文】

忽然有一个人大声呼叫"起火啦"。丈夫起床大声呼叫，妇人也起床大声呼叫。两个小孩子一齐大哭。一会儿，（似乎）成百上千人大声呼叫，成百上千个小孩哭叫，成百上千条狗大叫。其中夹杂着噼里啪啦房屋倒塌的声音，烈火燃烧爆裂发出（噼里啪啦嘭）的声音，呼呼的风声，成百上千的声音一齐发作；又夹杂着成百上千人的求救声，拉倒（燃火）房屋时的许许声，抢救财物的声音，泼水声。凡是在这种情况下应该有的声音，没有一样没有的。即使一个人有上百只手，每只手有上百根指头，也不能指出其中的哪一种声音；即使一个人有上百张嘴，每张嘴里有上百条舌头，也不能说出其中的一个场景。在这种情况下，客人们没有不改变神色离开座席的，捋起衣袖露出手臂，两腿害怕得发抖哆嗦，几乎想要抢先逃跑。

忽然（艺人表演所用的）醒木一拍，各种声响全部消失。撤去屏风看看里面，一个人、一张桌子、一把扇子、一块惊堂木（艺人表演用的）罢了。

43.程门立雪

【导引】

（一）评析

"《象》曰：山下出泉，蒙。君子以果行育德。"（语出《周易·蒙》）其大意为《象传》说：山下流动着泉水，就如蒙昧渐渐开启。君子就要以果决之行来培养美德。

杨时与游酢纵一苇千里寻师，适逢伊川先生瞑目而坐，杨时与同道以君子礼侍立等待，其果决之行留后世美誉。后人便用"程门立雪"这个典故，赞扬那些求学师门、诚心专志、尊师重道的学子。

（二）要点

1. 实词：异、见、侍立。

2. 虚词：稍、盖、既。

3. 句子：稍长，潜心经史。

杨时字中立，南剑将乐人。幼颖异①，能属文②，稍长，潜心经史。（杨时）见程颐于洛，时盖年四十矣。一日见颐，颐偶瞑③坐，时与游酢④侍⑤立不去，颐既⑥觉，则门外雪深一尺矣。

【注释】

①异：特异、与众不同。②属（zhǔ）文：写文章。③瞑：闭眼。④游酢（zuò）：程门四大弟子之一。⑤侍：在尊长旁边陪着。⑥既：已经。

【训练】

1. 解释下列句中加点的词。

（1）幼颖异　　（　　　　）　　（2）见程颐于洛（　　　　）

（3）时盖年四十矣（　　　　）　　（4）颐偶瞑坐　（　　　　）

2. 把下列句子翻译成现代汉语。

（1）幼颖异，能属文，稍长，潜心经史。

_____

（2）一日见颐，颐偶瞑坐，时与游酢侍立不去。

_____

3. "程门立雪"这个成语就是从上面的故事概括而来的。请联系你的生活实际谈谈你的感想。

_____

【拓展】

（一）阐发

本文出自《宋史·杨时传》。北宋进士杨时曾就学于洛阳程颢门下，又拜程颐门下。后杨时回南方传播程氏理学，且形成独家学派，世称"龟山先生"。

"程门立雪"这个成语家喻户晓，旧指学生恭敬受教，现也比喻求学心切和对有学问的长者的尊敬。

（二）应用

既：（1）副词，已经。如《曹刿论战》："既克，公问其故。"（2）副词，不久。常常"既而"连用。如《聊斋志异·促织》："既而得其尸于井。"

【译文】

杨时字中立，南剑将乐人。年幼时就很聪颖、与众不同，能写文章，逐渐长大，专心研习经史。（杨时）在洛阳拜见程颐，当时大概年已四十了。一天杨时拜见程颐，程颐碰巧闭眼打坐，杨时与游酢就在尊长门外站立没有离开，程颐已经觉醒，那门外雪已经深一尺了。

程门立雪

为学

【导引】

（一）评析

《诫子书》是修身立志的名篇，文短意长、言简意赅，主旨是劝勉儿子勤学立志。修身养性要在"澹泊""宁静"上下功夫，最忌荒唐险躁。在理解文章内容、把握主旨和体会情感的基础上，从中获得淡泊明志、宁静致远的精神力量。反复诵读还可感受诸葛亮的人格魅力，提升品德修养。

（二）要点

1. 实词：澹泊、宁静、穷庐。

2. 虚词：夫、以、则。

3. 句子：静以修身，俭以养德。

夫①君子②之行③，静以修身④，俭以养德。非澹泊无以明志⑤，非宁静⑥无以致远⑦。夫学须静也，才须学也，非学无以广才⑧，非志无以成⑨学。淫慢⑩则不能励精，险躁⑪则不能治性。年与⑫时驰⑬，意与日⑭去，遂成枯落⑮，多不接世⑯，悲守穷庐，将复何及⑰！

【注释】

①夫（fú）：语气词，放在句首，表示将发议论，相当于"要知道"。也可以放在句尾，表示感叹。如《三戒·黔之驴》："悲夫！"②君子：品德高尚的人。③行：操守、品德、品行。④修身：修养个人的品德。⑤明志：表明自己崇高的志向。⑥宁静：安静，集中精神、不分散精力的心境。⑦致远：到达远方。⑧广才：增长才干。⑨成：达成、成就。⑩淫慢：过度懈怠。淫，过度。慢，懈怠。⑪险躁：冒险急躁、狭隘浮躁，与上文"宁静"相对而言。⑫与：跟随。⑬驰：疾行。⑭日：时间。⑮枯落：枯枝落叶。⑯接世：接触社会并承担事务而有益于社会。⑰将复何及：又怎么来得及。

【训练】

1. 解释下列句中加点的词。

（1）静以修身（　　　　　　　　）　　（2）淫慢则不能励精（　　　　　　　　）

111

（3）遂成枯落（　　　　　　　　）　　（4）悲守穷庐　　　（　　　　　　　　）

2. 把下列句子翻译成现代汉语。

（1）静以修身，俭以养德。

_____

（2）非澹泊无以明志，非宁静无以致远。

_____

（3）淫慢则不能励精，险躁则不能治性。

_____

3. 文中有句话常被人们用作"志当存高远"的座右铭，请写出这句话。

_____

_____

4. 古往今来，抒发人间真情的诗词浩如烟海，或抒爱国之情，或赞亲密友情，或歌殷殷亲情，或咏浓浓乡情……请查找历代歌咏人间真情的诗词，分门别类加以整理。

_____

_____

【拓展】

（一）阐发

诸葛亮是三国时期著名的政治家、军事家，他躬耕陇亩时"苟全性命于乱世，不求闻达于诸侯"，但注意结交名士，研读古籍，留心时政，常以管仲、乐毅自励。被刘备三顾茅庐请做军师之后提出了著名的"隆中对"，策动孙、刘联盟，大破曹操，奠定了三国鼎立的基础。

蜀汉建立，拜诸葛亮为丞相。为完成统一中原、兴复汉室的大业，他效忠先主，辅佐后主，外联东吴，内修政理，南征平叛，北抗强魏，先后五次北伐魏国，终因积劳成疾而逝世，享年 54 岁，临终留下遗嘱——"掘棺材之地，穿平常服饰，不配器物"，留给子孙的财产只有桑 800 株、薄田 15 顷。

他以自身言行感染、激励着自己的子孙，"善政嘉事""美声溢誉"，其子诸葛瞻、诸葛尚均义无反顾为国捐躯，一家鞠躬尽瘁死而后已，深为后人传诵。

（二）应用

因：

1. 介词。（1）依照、根据。如《核舟记》："罔不因势象形。"（2）依靠、凭借。如《过秦论》："因利乘便，宰割天下，分裂山河。"又如《烛之武退秦师》："因人之力而敝之，不仁。"再如《屈原列传》："又因厚币用事者臣靳尚。"（3）趁着、趁此。如《鸿门宴》："不如因而厚遇之。""因击沛公于坐。"（4）通过、经由。如《鸿门宴》："因宾客至蔺相如门谢罪。"（5）因为、由于。如《谏太宗十思书》："恩所加则思无因喜以谬赏。"

2. 副词。（1）于是、就；因而。如《赤壁之战》："因拔刀斫前奏案。"又如《廉颇蔺相如列传》："相如因持璧却立。"（2）原因、缘由、机缘。如《孔雀东南飞》："于今无会因。"

3. 动词。（1）根据。如《五蠹》："故事因于世，而备适于事。"（2）沿袭、继续。如《过秦论》："蒙故业，因遗策。"

【译文】

品德高尚之人的行为操守，从宁静中提高自身的修养，以节俭来培养自己的品德。不恬静寡欲无法明确志向，不排除外来干扰无法达到远大目标。学习必须静心专一，而才干来自学习，所以不学习就无法增长才干，没有志向就无法使学习有所成就。放纵懒散就无法振奋精神，急躁冒险就不能陶冶性情。年华随时光而飞驰，意志随岁月而流逝，最终枯败零落，大多不接触世事、不为社会所用，只能悲哀地坐守着那穷困的居舍，到时悔恨又怎么来得及？

45.师旷论学

【导引】

（一）评析

晋平公想要学习却担心自己年龄已老。师旷认为人的一生都应该不断学习。故事形象地比喻人生的好学过程犹如初升的太阳、正午的阳光和蜡烛的光明。

（二）要点

1. 实词：暮、炳、昧。

2. 虚词：何不、安有、孰与。

3. 句子：炳烛之明，孰与昧行乎？

晋平公问于师旷①曰："吾年七十，欲学，恐②已暮矣。"师旷曰："暮，何不炳烛③乎？"平公曰："安④有为人臣而戏⑤其君乎？"师旷曰："盲臣⑥安敢戏其君乎？臣闻之，少而好学，如日出之阳⑦；壮而好学，如日中之光⑧；老而好学，如炳烛之明。炳烛之明，孰与昧行乎？"平公曰："善哉！"

【注释】

①师旷：字子野，春秋时代晋国乐师。他双目失明，仍热爱学习，对音乐有极高的造诣。②恐：恐怕、担心。③炳烛：点燃火把。④安：怎么。⑤戏：作弄、戏弄。⑥盲臣：失明的臣子。师旷为盲人，故自称为盲臣。⑦日出之阳：初升的太阳。⑧日中之光：正午的阳光。

【训练】

1. 解释下列句中加点的词。

（1）吾年七十（   ）   （2）何不炳烛乎（   ）

（3）臣闻之   （   ）   （4）孰与昧行乎（   ）

2. 把下列句子翻译成现代汉语。

（1）暮，何不炳烛乎？

_____

（2）安有为人臣而戏其君乎？

_____

（3）盲臣安敢戏其君乎？

_____

（4）炳烛之明，孰与昧行乎？

_____

3. 师旷说年少时喜好学习如同初升的阳光一样灿烂。对此，你有什么理解呢？请与你的父母及其他尊长交流后再作答。

_____

_____

【拓展】

（一）阐发

立志当从脚下始。只要有目标、有恒心，定能获得读书的益处。任何时候都应该保持学习的态势，养成终身学习的理念。

《师旷论学》选自《说苑》，作者是西汉刘向。刘向（约前77—前6年）原名刘更生，字子政，西汉经学家、目录学家、文学家。

（二）应用

炳：（1）光明、显著。如《论衡·书解》："大人德扩，其文炳。"（2）点燃。如《说苑·建本》："老而好学，如炳烛之明。"

【注意】

炳炳、炳然：光耀、显明的样子。

【译文】

晋平公向师旷讨教说："我年已七十岁，想要学习，恐怕已经迟暮了啊。"师旷说："迟暮之时，为什么不点燃火把学习呢？"平公说："怎么有做人臣子却戏弄他的国君的呢？"师旷说："盲人的我怎么敢戏弄他的君主呢？我听说这样的话，年少时喜好学习，如同初升的阳光（一样灿烂）；中年时喜好学习，如同正午的阳光（一样耀眼）；老年时喜好学习，如同点燃火把的光明。点燃火把的光明，和在黑暗中走路哪个更好呢？"平公说："好啊！"

46.孙权劝学

【导引】

（一）评析

本文记叙了吕蒙在孙权的劝说下开始读书之后大有长进的故事。古人说："君子博学而日参省乎己，则知明而行无过矣。"

（二）要点

1. 实词：辞、就、过。

2. 虚词：岂、邪、耳、乎。

3. 句子：士别三日，即更刮目相待。

初①，权②谓吕蒙③曰："卿④今当涂⑤掌事⑥，不可不学！"蒙辞⑦以⑧军中多务。权曰："孤⑨岂欲卿治经为博士⑩邪！但当涉猎，见往事⑪耳。卿言多务，孰若孤？孤常读书，自以为大有所益。"蒙乃始就学。

及鲁肃过寻阳⑫，与蒙论议，大惊曰："卿今者才略，非复吴下阿蒙⑬！"蒙曰："士别三日，即更刮目相待，大兄⑭何见事之晚乎！"肃遂拜⑮蒙母，结友而别。

【注释】

①初：当初、起初。这里是追述往事的习惯用词。②权：孙权。③吕蒙：字子明，三国时吴国名将。汝南富陂（今安徽省阜南县东南）人，东汉末孙权手下的将领。④卿：古代君对臣或朋友之间的爱称，夫妇间也以"卿"为爱称。⑤当涂：当道，当权。当，掌管，主持。"涂"通"途"，道路，仕途。⑥掌事：掌管政事。⑦辞：推辞、推托。⑧以：用。⑨孤：古时王侯的自称。⑩博士：古代专门掌管经学传授的学官。⑪往事：历史。⑫寻阳：县名，在湖北黄梅西南。⑬阿蒙，指吕蒙，名字前加"阿"，有亲昵的意味。⑭大兄：长兄，这里是对同辈年长者的尊称。⑮拜：拜见。

【训练】

1. 解释下列句中加点的词。

（1）治经为博士邪　（　　　　　）　　（2）但当涉猎，见往事耳（　　　　　）

（3）卿言多务，孰若孤（　　　　　）　　（4）蒙乃始就学　　　　（　　　　　）

2. 把下列句子翻译成现代汉语。

（1）蒙辞以军中多务。

_____

（2）孤常读书，自以为大有所益。蒙乃始就学。

_____

（3）卿今者才略，非复吴下阿蒙！

_____

3. 写出与本文有关的成语。

_____

4. 请你联系生活实际谈谈读书与生活的关系。

_____
_____

【拓展】

（一）阐发

本文选自《资治通鉴》。

《资治通鉴》是一部编年体通史巨著，由北宋司马光主编，共294卷，历时19年完成。本书以时间为纲，以事件为目，记录了春秋战国至宋朝建立之前，共1362年历史发展的轨迹。

（二）应用

过：（1）走过、经过。如《殽之战》："三十三年春，秦师过周北门。"（2）超过、胜过。如《齐桓晋文之事》："古之人所以大过人者无他焉，善推其所为而已矣。"（3）过分、过于。如《陈情表》："过蒙拔擢，宠命优渥，岂敢盘桓，有所希冀。"（4）过失。如《殽之战》："孤之过也，大夫何罪？"（5）责备。如《鸿门宴》："闻大王有意督过之。"（6）访问、探望。如《信陵君窃符救赵》："臣有客在市屠中，愿枉车骑过之。"

【辨析】

过、越、逾、超。

【译文】

当初，孙权告诉吕蒙说："你现在当权掌管政事，不可以不读书。"吕蒙用军中多事务推托。孙权说："我难道想要你研究经典成为博士吗？只是应答浏览，了解历史罢了。你说多军务，谁像我事务繁忙呢？我常常读书，自认为大有所获。"吕蒙于是开始读书。

等到鲁肃经过寻阳，和吕蒙讨论商议，很惊讶地说："你现在的才识智略，不再是吴下时的阿蒙了。"吕蒙说："与读书的人分别多日，就要另外用新的眼光来看待，长兄为何明白这道理那么晚呢！"鲁肃于是拜见吕蒙的母亲，与吕蒙结为好友再辞别。

来自《世说新语》的成语

1. 肃然起敬

【释义】肃然：恭敬的样子。起敬：产生敬佩的心情。形容产生严肃敬仰的感情。

【来源】《世说新语·规箴》："远公在庐山中，虽老，讲论不辍。弟子中或有惰者，远公曰：'桑榆之光，理无远照，但愿朝阳之晖，与时并明耳。'执经登坐，讽诵朗畅，词色甚苦。高足之徒，皆肃然增敬。"

2. 身无长物

【释义】指除自身外再没有多余的东西，形容贫穷。常误用来形容没有特长。

【来源】《世说新语·德行》："丈人不悉恭，恭作人无长物。"

3. 道旁苦李

【释义】指路边的苦李，走过的人不摘取。比喻为人所弃、无用的事物或人。

【来源】《世说新语·雅量》："王戎七岁，尝与诸小儿游，看道边李树多子折枝，诸儿竞走取之，唯戎不动。人问之，答曰：'树在道边而多子，此必苦李。'取之，信然。"

4. 难兄难弟

【释义】原比喻兄弟都非常好。今多指彼此曾共患难的人；又指彼此处于同样困难境地的人。

【来源】《世说新语·德行》："元方难为兄，季方难为弟。"

5. 鹤立鸡群

【释义】像鹤站在鸡群中一样。比喻一个人的仪表或才能在周围一群人里显得很突出。

【来源】《世说新语·容止》："有人语王戎曰：'嵇延祖卓卓如野鹤之在鸡群。'"

6. 渐入佳境

【释义】原指甘蔗下端比上端甜，从上到下，越吃越甜。后比喻境况逐渐好转或兴趣逐渐浓厚。

【来源】《世说新语·排调》："顾长康啖甘蔗，先食尾。问所以，云：'渐至佳境。'"

7. 标新立异

【释义】独创新意，理论和别人不一样。通常指提出新的主张、见解或创造出新奇的样式。也指为了显示自己，故意显出自己的与众不同或者用往常不同的表达方式来吸引人。

【来源】《世说新语·文学》："支道林在白马寺中，将冯太常（冯怀）共语，因及《逍遥》。支卓然标新理于二家之表；立异义于众贤之外。"

8. 千里莼羹

【释义】千里湖里的莼菜做的汤，味道鲜美，不必用盐豉做调味品。泛指有地方风味的土特产。

【来源】《世说新语·言语》："有千里莼羹，但未下盐豉耳。"

9. 七步成诗

【释义】七步之内能完成一首诗，比喻人的才思敏捷，知识渊博。

【来源】《世说新语·文学》："文帝尝令东阿王七步中作诗，不成行大法；应声便为诗曰：'煮豆持作羹，漉菽以为汁；其在釜下然，豆在釜中泣；本自同根生，相煎何太急！'帝深有惭色。"

10. 割席分坐

【释义】意思是把席割断，分开坐。比喻朋友绝交。

【来源】《世说新语·德行》："管宁、华歆共园中锄菜，见地有片金。管挥锄与瓦石不异，华捉而掷去之。又尝同席读书，有乘轩冕过门者，宁读如故，歆废书出看。宁割席分坐，曰：'子非吾友也。'"

11. 席不暇暖

【释义】指连座席还没有来得及坐热就起来了。形容很忙，多坐一会儿的时间都没有。

【来源】《世说新语·德行》："武王式商容之闾，席不暇暖，吾之礼贤，有何不可？"

12. 一往情深

【释义】指对人或对事物倾注了很深的感情，十分向往而不能克制。

【来源】《世说新语·任诞》："桓子野每闻清歌。辄唤'奈何'！谢公闻之曰：'子野可谓一往有深情。'"

13. 面如傅粉

【释义】形容男子美貌。

【来源】《世说新语·容止》："何平叔美姿仪，面至白；魏明帝疑其傅粉。正夏月，与热汤饼。既啖，大汗出，以朱衣自拭，色转皎然。"

14. 东床快婿

【释义】指为人豁达、才能出众的女婿，是女婿的美称。

【来源】《世说新语·雅量》："郗太傅在京口，遣门生与王丞相书，求女婿。丞相语郗信：'君往东厢，任意选之。'门生归，白郗曰：'王家诸郎亦皆可嘉。闻来觅婿，咸自矜持；唯有一郎在东床上坦腹卧，如不闻。'郗公云：'正此好！'访之，乃是逸少，因嫁女与焉。"

15. 倚马可待

【释义】靠着即将出征的战马起草文件，可以立等完稿。形容文思敏捷，文章写得快。倚：靠。

【来源】《世说新语·文学》："桓宣武北征，袁虎时从，被责免官，会须露布文，唤袁倚马前令作，手不辍笔，俄得七纸，殊可观。东亭在侧，极叹其才。袁虎云：'当令齿舌间得利。'"

16. 颊上三毛

【释义】比喻文章或图画的得神之处。

【来源】《世说新语·巧艺》："顾长康画裴叔则，颊上益三毛。人问其故，顾曰：'裴楷俊朗有识具，正此是其识具。'看画者寻之，定觉益三毛如有神明，殊胜未安时。"

17. 望梅止渴

【释义】原意是梅子酸，人想吃梅子就会流涎，因而止渴。后比喻愿望无法实现，用空想安慰自己。

【来源】《世说新语·假谲》："魏武行役，失汲道，军皆渴，乃令曰：'前有大梅林，饶子，甘酸可以解渴。'士卒闻之，口皆出水，乘此得及前源。"

18. 管中窥豹

【释义】指片面看问题。有时也指从微小的方面推知全篇。与"见微知著"近似。

【来源】《世说新语·方正》："王子敬（王献之）数岁时，尝看诸门生樗蒲，见有胜负，因曰：'南风不竞。'门生辈轻其小儿，乃曰：'此郎亦管中窥豹，时见一斑。'"

19. 截发留宾

【释义】把头发剪了来招待客人，形容母亲贤德好客。

【来源】《世说新语·贤媛》："侃母湛氏语侃曰：'汝但出外留客，吾自为计。'湛头发委地，下为二髲，卖得数斛米，斫诸屋柱，悉割半为薪，锉诸荐以为马草。日夕，遂设精食，从者皆无所乏。逵既叹其才辩，又深愧其厚意。"

20. 华亭鹤唳

【释义】表现思念、怀旧之意。亦为慨叹仕途险恶、人生无常之词。

【来源】《世说新语·尤悔》："陆平原河桥败，为卢志所谮，被诛。临刑叹曰：'欲闻华亭鹤唳，可复得乎！'"

21. 人琴俱亡

【释义】人琴俱亡形容看到遗物，怀念死者的悲伤心情。常用来比喻对知己、亲友去世的悼念之情。

【来源】《世说新语·伤逝》："王子猷、子敬俱病笃，而子敬先亡。子猷问左右：

'何以都不闻消息？此已丧矣。'语时了不悲。便索舆奔丧，都不哭。子敬素好琴，便径入坐灵床上，取子敬琴弹，弦既不调，掷地云：'子敬，子敬，人琴俱亡。'因恸绝良久，月余亦卒。"

22. 覆巢之下，焉有完卵

【释义】比喻整体遭殃，个体（或部分）也不能保全。也有面对必然要发生的事情，要从容地面对它，不能乱了阵脚的意思。

【来源】《世说新语》："孔融被收，中外惶怖。时融儿大者九岁，小者八岁。二儿故琢钉戏，了无遽容。融谓使者曰：'冀罪止于身，二儿可得全不？'儿徐进曰：'大人岂见覆巢之下复有完卵乎？'寻亦收至。"

23. 一览无余

【释义】意指一眼看去，所有的景物全看见了。形容视野广阔，没有阻碍，把事物或景象都看在眼里，没有遗漏。也指事物简单，看得十分清楚。

【来源】《世说新语·言语》："江左地促，不如中国，若使阡陌条畅，则一览而尽，故纡余委曲，若不可测。"

24. 盲人瞎马

【释义】盲人骑着瞎马走路。原比喻情况危险或不了解情况就盲目行动，处于极其危险的境地。后比喻乱闯瞎撞，非常危险。

【来源】《世说新语·排调》："桓南郡与殷荆州共作危语，殷有参军在坐，云：'盲人骑瞎马，夜半临深池。'"

25. 咄咄逼人

【释义】咄咄：表示吃惊的声音。形容不合常理，难以理解的怪事。贬义词。

【来源】《世说新语·黜免》："殷中军被废；在信安；终日恒书空作字；扬州吏民寻义逐之；窃视；唯作'咄咄怪事'四字而已。"

26. 拾人牙慧

【释义】比喻拾取别人的一言半语当作自己的话，也比喻窃取别人的语言和文字。

【来源】《世说新语·文学》："殷中军云：'康伯未得我牙后慧。'"

27. 卿卿我我

【释义】形容男女相爱，十分亲昵，情意绵绵。

【来源】《世说新语·惑溺》："王安丰妇常卿安丰。安丰曰：'妇人卿婿，于礼为不敬，后勿复尔。'妇曰：'亲卿爱卿，是以卿卿，我不卿卿，谁当卿卿？'"

28. 蒹葭玉树

【释义】蒹葭：价值低微的水草，比喻微贱。玉树：古代神话传说中的仙树。表示地位低的人依附地位高的人。

【来源】《世说新语·容止》："魏明帝使后弟毛曾与夏侯玄并坐，时人谓'蒹葭倚玉树'。"

29. 玉山将崩

【释义】玉山：比喻品德、仪容美好的人。形容酒醉后东倒西歪的样子。

【来源】《世说新语·容止》："嵇叔夜之为人也，岩岩若孤松之独立；其醉也，傀俄若玉山之将崩。"

30. 玉山倾倒

【释义】形容男子风姿挺秀，酒后醉倒的风采。

【来源】《世说新语·容止》："嵇康身长七尺八寸，风姿特秀，见者叹曰：'萧萧肃肃，爽朗清举。'或云：'肃肃如松下风，高而徐引。'山公曰：'嵇叔夜之为人也，岩岩若孤松之独立；其醉也，傀俄若玉山之将崩。'"

风雅

47.一字之师

【导引】

（一）评析

有一位诗人齐己，在大雪后的原野上看到傲雪开放的梅花，诗兴大发创作了一首《早梅》诗，以叹咏在冬天里早开的梅花。有一个叫郑谷的人，认为这首诗意味未尽。于是，他经过反复思考推敲，将这两句诗改为"前村深雪里，昨夜一枝开"。

郑谷的这一改动，虽然只将"数"字改为"一"字，只有一字之改，却使《早梅》更贴切题意了，诗的意境也更完美了。

齐己对郑谷的这一改动非常佩服，当即称郑谷为自己的"一字师"。

（二）要点

1. 实词：谒、矍然。

2. 虚词：因、自是。

3. 句子：自是士林以谷为齐己"一字之师"。

时郑谷①在袁州，齐己②因携所为诗往谒焉③。有《早梅》诗曰："前村深雪里，昨夜数枝开。"谷笑曰："'数枝'非早，不若'一枝'则佳。"齐己矍然，不觉兼④三衣⑤叩地膜拜⑥。自是士林⑦以谷为齐己"一字之师"。

【注释】

①郑谷：唐朝诗人。②齐己：唐朝和尚，善诗。③焉：他，代指郑谷。④兼：提起，整理。⑤三衣：佛教僧尼的大衣、上衣、内衣，三种法衣合称三衣，指衣服。⑥膜拜：举手加额长跪而拜，是极其恭敬的行礼方式。⑦士林：众多读书人。

【训练】

1. 解释下列句中加点的词。

（1）携所为诗往谒焉（   ）   （2）昨夜数枝开（   ）

（3）齐己矍然   （   ）   （4）自是   （   ）

2. 把下列句子翻译成现代汉语。

（1）时郑谷在袁州，齐己因携所为诗往谒焉。

———————————————————————————————

（2）齐己矍然，不觉兼三衣叩地膜拜。

———————————————————————————————

（3）自是士林以谷为齐己"一字之师"。

———————————————————————————————

3. 结合你对本文"数枝"与"一枝"的理解，谈谈对"春风又绿江南岸"中"绿"字的理解。

———————————————————————————————

———————————————————————————————

【拓展】

（一）阐发

本文选自《五代史补》。

郑谷改诗的这个故事启示我们：写作过程中要注意精准推敲字句，使句子表达更加生动传神。

其实，语言表达有神韵的背后是用词准确，由"数"改为"一"，体现出准确的力量，就如毕飞宇所说：准确是美的，它可以唤起审美。

当然，句子更具有表达力的背后是细节。因此，也可以如是说：细节是美的，细节可以呈现直观。

写作过程中注重细节方得描写神技。如《林教头风雪山神庙》中有句"雪下得正紧"。一个"紧"字既能让人感受到雪很大，还渗透着一种情绪。该句用极简的语言表达了极丰富的情致和韵味。

（二）应用

焉：（1）相当于"之"，可译作"它""他"等。如《捕蛇者说》："以俟夫观人风者得焉。"（2）表示疑问，相当于"何"，可译作"怎么""哪里"。如《愚公移山》："以君之力，曾不能损魁父之丘，如太行、王屋何！且焉置土石？"（3）兼词，相当于"于是""于之"。如《劝学》："积土成山，风雨兴焉。"（4）多用于反问，相当于"怎么"。如《〈论语〉十则》："后生可畏，焉知来者之不如今也？"（5）用于句末，表示疑问或反问，可译为"呢"。如《齐桓晋文之事》："王若隐其无罪而就死地，则牛羊何择焉？"（6）用于句中，表示语气舒缓、停顿。如《望洋兴叹》："于是焉河伯欣然自喜。"又如《〈黄花岗七十二烈士事略〉序》："又或有记载而语焉不详。"（7）词缀，用于形容词之后，相当于"……的样子"，在动词前可译作"……地"。如《阿房宫赋》："盘盘焉，囷囷焉，蜂房水涡，矗不知其几千万落。"又如《黄生借书说》："必虑人逼取，而惴惴焉摩玩之不已。"

【译文】

当时郑谷住在袁州，齐己于是携带所写的诗作前往拜见他。有一首《早梅》诗写道："前村深雪里，昨夜数枝开。"郑谷笑着说："'数枝'不算早啊，不如'一枝'才好。"齐己惊讶的样子，不知不觉地提起三衣叩头在地举手加额长跪而拜。从此众多读书人把郑谷看作齐己的"一字之师"。

48.伯牙绝弦

【导引】

（一）评析

俞伯牙、钟子期相传为春秋时期人，关于他们二人成为知音的传说，《列子》《吕氏春秋》等古书均有记载，也流传于民间。古诗中也常有提及，如"借问人间愁寂意，伯牙弦绝已无声""高山流水琴三弄，明月清风酒一樽""钟期久已没，世上无知音"。

（二）要点

1. 实词：善、鼓、得。

2. 虚词：哉、兮、乃。

3. 句子：乃破琴绝弦，终身不复鼓。

伯牙①善②鼓琴，钟子期善听。伯牙鼓琴，志③在高山，钟子期曰："善哉，峨峨兮④若泰山！"志在流水，钟子期曰："善哉，洋洋⑤兮若江河！"伯牙所念，钟子期必⑥得之。子期死，伯牙谓世再无知音⑦，乃破琴绝弦，终身不复鼓。

【注释】

①伯牙：伯牙、钟子期相传为春秋时期人。②善：擅长，善于。③志：心意。④兮：语气词，多用于诗赋中，相当于现代汉语的"啊""呀"。⑤洋洋：水大的样子。⑥必：一定、必然。⑦知音：理解自己心意、有共同语言的人。

【训练】

1. 解释下列句中加点的词。

（1）伯牙善鼓琴　　（　　　　　）　　（2）峨峨兮若泰山（　　　　　　）

（3）钟子期必得之（　　　　　）　　（4）乃破琴绝弦　（　　　　　　）

2. 把下列句子翻译成现代汉语。

（1）伯牙善鼓琴，钟子期善听。

_____

（2）志在流水，钟子期曰："善哉，洋洋兮若江河！"

_____

（3）乃破琴绝弦，终身不复鼓。

_____

3. 下列停顿正确的一项是（　　　）。

A. 伯牙／谓／世／再无知音，乃／破琴／绝弦，终身／不复鼓。

B. 伯牙善／鼓琴，钟子期善／听。

C. 峨峨兮／若泰山！

D. 伯牙所／念，钟子期／必／得／之。

4. 阅读本文后，请结合你的生活谈谈你对"知音"的理解。

_____

_____

【拓展】

（一）阐发

本文出自《列子·汤问》。

明代小说家冯梦龙根据这个传说创作了《俞伯牙摔琴谢知音》，收在《警世通言》中。由于这个传说，人们把真正了解自己的人叫作"知音"，用"高山流水"比喻知音难觅或乐曲高妙。

（二）应用

复：（1）返回、回还。如《信陵君窃符救赵》："以是知公子恨之复返也。"（2）回复、回答。如《送东阳马生序》："不敢出一言以复。"（3）恢复、还原。如《出师表》："兴复汉室，还于旧都。"（4）免除赋税徭役。如《史记·高祖本纪》："沛幸得复，丰未复。"

【译文】

伯牙擅长弹奏古琴，钟子期善于欣赏琴音。伯牙弹奏古琴，心志在巍峨的高山，钟子期赞道："好啊！就如泰山巍然屹立！"伯牙的心志在流水，钟子期赞道："好啊，宛如江河水波浩荡！"伯牙（弹奏古琴时候）的心中念想，钟子期一定感受到（他心中的念想）。钟子期去世后，伯牙说世上再也无知音了，于是就击破古琴断绝琴弦，终生不再弹琴。

49.东坡画扇

【导引】

（一）评析

苏轼曾两次在杭州任职。第一次是熙宁四年（1071年）任通判；第二次是元祐四年（1089年）任杭州太守。东坡画扇这则故事应发生在任通判（掌管诉讼）之时，使我们从中看到他为政宽和、为人仁厚。

（二）要点

1. 实词：负、熟视、逋。

2. 虚词：适、须臾、而。

3. 句子：姑取汝所制扇来，吾当为汝发市也。

先生①职临钱塘江日，有陈诉②负绫绢二万不偿者。公呼至询之，云："某③家以制扇为业，适④父死，而又自今春已来，连雨天寒，所制不售，非故负之也。"公熟视久之，曰："姑⑤取汝所制扇来，吾当为汝发市⑥也。"须臾扇至，公取白团夹绢二十扇，就判笔⑦作行书草圣及枯木竹石，顷刻而尽。即以付之曰："出外速偿所负也。"其人抱扇泣谢而出。始逾⑧府门，而好事者争以千钱取一扇，所持立尽，后至而不得者，至懊恨不胜而去。遂尽偿所逋⑨。

【注释】

①先生：苏东坡。②陈诉：提陈诉状。③某：我。④适：恰好。⑤姑：姑且，暂且。⑥发市：开张。谓做生意来了顾客。⑦就判笔：就着判笔。判笔，判案用的笔。⑧逾：越过。⑨逋（bū）：拖欠。

【训练】

1. 解释下列句中加点的词。

（1）先生职临钱塘江日（　　　　） （2）公熟视久之（　　　　　）

（3）吾当为汝发市也　（　　　　） （4）顷刻而尽　（　　　　　）

2. 把下列句子翻译成现代汉语。

（1）有陈诉负绫绢二万不偿者。

（2）即以付之曰："出外速偿所负也。"

（3）所持立尽，后至而不得者，至懊恨不胜而去。

3. 那个人的扇子后来之所以很快卖出去了是因为（　　　　）。

A. 后来天气变热了。

B. 后来他走了好运。

C. 东坡在扇面上作行书草圣及枯木竹石，赋予了扇子艺术价值。

D. 那些好事之人故意炒作。

4. 请分角度分析苏东坡的形象。

_____

_____

【拓展】

（一）阐发

苏东坡是北宋著名的散文家、诗人、大书法家。他尤其喜欢画枯木竹石，书法则自成一家。东坡画扇的故事，有助于我们了解苏东坡书画在当时的影响；"东坡画扇"描写苏东坡关心百姓疾苦、爱民如子的形象。

"东坡画扇"出自宋代何薳的《春渚纪闻》。

（二）应用

céng 曾经。如《琵琶行》："同是天涯沦落人，相逢何必曾相识。"

zēng（1）指与自己隔着两代的长辈与晚辈亲属。如《治平篇》："是高、曾时为一户者，至曾、元时不分至十户不止。"（2）通"增"，增加。如《生于忧患，死于安乐》："行拂乱其所为，所以动心忍性，曾益其所不能。"（3）竟、竟然。如《愚公移山》："汝心之固，固不可彻，曾不若孀妻弱子。"

【译文】

苏东坡任职到杭州时，有人提陈诉状说有个欠购绫绢钱两万不偿还的人。东坡叫那欠钱的人前来询问这件事，那人说："我家以制扇为职业，恰好家父去世，而且又从今年春天以来，接连下雨天气寒冷，制作的扇子无法售出，并非故意欠他钱款。"东坡仔细地看着他许久，说："暂且拿你所制作的扇子过来，我承担为你开张的事。"片刻扇子送到，东坡拿二十把空白的夹绢扇面，就着判案笔书写行书草书以及画上枯木竹石，短时间就全部写好画毕。当即把扇子交付那人说："到外面去卖出扇子快速地偿还所欠。"那人抱着扇子流泪感谢着出门。才越过府门，喜欢诗画的人争相用千钱购一扇，那人所带的扇子立马卖完，后到而没有买到的人，到了懊悔不尽的地步才离开。于是那人就全部地偿还了拖欠的钱款。

50.咏雪

【导引】

（一）评析

晚唐昭宗年间有位宰相叫郑綮,很善写诗。一次有人问他："相国近有新诗否？"他回答说："诗思在灞桥风雪中驴子上,此处何以得之？"

似乎风雪与诗向来有缘,与诗家的灵感、灵气有缘。有人冒雪吟诗,有人踏雪寻诗,1600多年前的东晋名士谢安和晚辈们在家里咏雪联诗。

疾风骤雪、纷纷扬扬的下雪天,谢家子女即景赋诗咏雪。《咏雪》言简意赅地勾勒了谢家联诗的雅趣情景,又通过神态描写和身份补叙赞赏了谢道韫的文学才华。

《咏雪》特别注意传达魏晋清谈家独特的语言形象,重视人物语言的润饰。文中所体现的古代家庭文化生活与和睦轻松的氛围同样能激起读者的向往。

（二）要点

1. 实词：讲论、即。

2. 虚词：俄而、未若、因。

3. 句子：撒盐空中差可拟。

谢太傅①寒雪日内集,与儿女②讲论文义③。俄而④雪骤⑤,公欣然曰："白雪纷纷何所似⑥？"兄子胡儿⑦曰："撒盐空中差可拟⑧。"兄女曰："未若柳絮因⑨风起。"公大笑乐。即⑩公大兄无奕女⑪,左将军王凝之⑫妻也。

【注释】

①谢太傅：即谢安（320－385）,字安石,晋朝陈郡阳夏（jiǎ）（现河南太康）人。做过吴兴太守、侍中、吏部尚书、中护军等官职。死后追赠为太傅。②儿女：子侄辈的年轻一代。③讲论文义：谈论诗文。④俄而：不久,一会儿。⑤骤：急（速）,紧。⑥何所似：即"所似何",宾语前置,像什么。何,疑问代词,什么;似,像。⑦胡儿：即谢朗,字长度,谢安哥哥谢据的长子,做过东阳太守。⑧差可拟：差不多可以相比。差,大致,差不多。拟,相比。⑨因：凭借。⑩即：是。⑪大兄无奕女：谢安的哥哥谢无奕的女儿,指谢道韫（yùn）,东晋有名的才女。⑫王凝之：字叔平,大书法家王羲之的第二个儿子,曾任左将军、会稽内史等职。

【训练】

1. 解释下列词语。

（1）风雪日内集　　（　　　　）　　（2）公欣然曰　　　（　　　　　）

（3）未若柳絮因风起（　　　　）　　（4）未若柳絮因风起（　　　　　）

2. 把下列句子翻译成现代汉语。

（1）俄而雪骤，公欣然曰："白雪纷纷何所似？"

_____

（2）撒盐空中差可拟。

_____

3. 根据文章回答问题。

（1）"寒雪""内集""欣然""大笑乐"等词语营造了一种怎样的家庭氛围？

_____

（2）文中兄子和兄女分别将大雪比作了什么？你更喜欢哪个比喻句？

_____

4. 调动你的积累，请你写一段 100 字以内的有关雪的场景。

_____

_____

_____

【拓展】

（一）阐发

本文出自《世说新语》。《世说新语》是中国最早的一部文言志人小说集，是中国魏晋南北朝时期笔记小说的代表作。坊间基本上认为由南朝刘义庆撰写，也有人称由刘义庆组织门客编写。其内容主要是记载东汉后期到晋宋间一些名士的言行与逸事。它原本有八卷，被遗失后只有三卷。

（二）应用

然：（1）通"燃"，燃烧。如贾谊《陈政事疏》："火未及然，因谓之安。"（2）这样、那样。如《鸿门宴》："不然，籍何以至此？"（3）是的、对的。如《齐桓晋文之事》："王曰：'然，诚有百姓者。'"（4）认为……对的。如《促织》："妻曰：'死何裨益？不如自行搜觅，冀有万一之得。'成然之。"（5）词缀，用在形容词或副词后，表状态，可译为"……的样子""地"，也可不译。如《捕蛇者说》："蒋氏大戚，汪然出涕。"又如《石钟山记》："森然欲搏人。"《兰亭集序》："快然自足，曾不知老之将至。"（6）用在名词或名词短语后，与前面的动词"如""若""犹"等呼应，表示"（像）……一样"。如《登泰山记》："而半山居雾若带然。"又如《核舟记》："其人视端容寂，若听茶声然。"（7）然而、但是。如《鸿门宴》："然不自意能先入关破秦。"

（三）博观

累积咏雪名句：

北国风光，千里冰封，万里雪飘。（毛泽东）

欲渡黄河冰塞川，将登太行雪满天。（李白）

窗含西岭千秋雪，门泊东吴万里船。（杜甫）

忽如一夜春风来，千树万树梨花开。（岑参）

【译文】

谢安在一个冬雪纷飞的寒冷日子里，把子侄辈的年轻人聚集在一起，跟他们谈论诗文。不一会儿，雪下得大了，太傅十分高兴地说："这纷纷扬扬的白雪像什么？"他哥哥的长子谢朗说："跟在空中撒盐差不多可以相比。"谢安大哥的女儿说："不如比作柳絮凭借风而起舞。"谢太傅听了开心地大笑起来。她（谢道韫）就是谢太傅大哥谢无奕的女儿，左将军王凝之的妻子。

咏雪

自然

51.女娲补天

【导引】

（一）评析

"女娲补天"是中国上古神话传说之一，讲述的是自然界发生了一场特大灾害，天塌地陷，猛禽恶兽都出来残害百姓，女娲用五彩石补天，又杀死猛禽恶兽让百姓过上安定的日子的故事。

（二）要点

1. 实词：载、食、攫。

2. 虚词：兼、以。

3. 句子：天不兼覆，地不周载。

往古之时，四极废①，九州②裂，天不兼覆，地不周③载，火爁炎④而不灭，水浩洋而不息，猛兽食颛⑤民，鸷鸟⑥攫老弱。

于是，女娲炼五色石以补苍天，断鳌⑦足以立四极，杀黑龙以济⑧冀州⑨，积芦灰以止⑩淫水。苍天补，四极正；淫水涸，冀州平；狡虫死，颛民生。

【注释】

①废：崩坏、倒塌。②九州：泛指中国大地。③周：遍及、周遍。④爁（lǎn）炎（yàn）：火势蔓延。⑤颛（zhuān）：善良。⑥鸷（zhì）鸟：凶猛的鸟。⑦鳌：传说中海里的大龟。⑧济：救。⑨冀州：古九州之一，这里指黄河流域古代中原地带。⑩止：阻止、禁止。

【训练】

1. 解释下列句中加点的词。

（1）天不兼覆　　　（　　　　　）　（2）水浩洋而不息　（　　　　　　）

（3）断鳌足以立四极（　　　　　）　（4）淫水涸，冀州平（　　　　　　）

2. 把下列句子翻译成现代汉语。

（1）天不兼覆，地不周载。

（2）猛兽食颛民，鸷鸟攫老弱。

（3）苍天补，四极正；淫水涸，冀州平；狡虫死，颛民生。

3. 请你谈谈女娲补天的气魄与精神。

【拓展】

（一）阐发

女娲，中国上古神话中的创世女神，又称娲皇、女阴。史记女娲氏，是华夏民族的人文先始，是福佑社稷之正神。相传女娲造人，一日中七十化变，以黄泥仿照自己抟土造人，创造人类社会并建立婚姻制度；因世间天塌地陷，于是熔彩石以补苍天，斩鳌足以立四极，留下了女娲补天的神话传说。

（二）应用

废：（1）崩坏、倒塌。如《女娲补天》："往古之时，四极废，九州裂。"（2）废弃、停止。如《过秦论》："于是废先王之道，焚百家之言。"（3）废黜、罢官。如《资治通鉴》："老贼欲废汉自立久矣。"（4）衰败、败坏。如《五人墓碑记》："即除魏阉废祠之址以葬之。"

【译文】

远古之时，支撑天地的四根天柱崩坏，九州大地陷裂，天不能同时覆盖（万物），地不能完全周遍地承载（万物），烈火燃烧，火势蔓延且不熄，洪水浩大，汪洋一片且不灭，猛兽吞食善良的百姓，凶猛的禽鸟用利爪迅速抓取年老体弱的人。

于是，女娲冶炼五色石用来修补青天，斩断海里大龟的脚用来竖立四边的梁柱，杀死黑龙来拯救中原，累积芦灰用来阻止无节制的洪水。苍天被修补，四方天柱被扶正；无节制的洪水干涸了，冀州恢复太平；凶暴的恶虫猛禽死了，善良的百姓得以存活。

52.精卫填海

【导引】

（一）评析

本故事讲述了炎帝神农之女女娃溺死于东海，死后化为精卫鸟日夜衔石填海的故事。故事刻画了英勇顽强的精卫形象，表达了古代劳动人民探索自然、征服自然、治理水患的强烈愿望和不畏艰苦的奋斗精神。

（二）要点

1. 实词：文、詨、堙。

2. 虚词：焉、于、以。

3. 句子：常衔西山之木石，以堙于东海。

发鸠之山①，其上多柘木②。有鸟焉③，其状如乌④，文首⑤，白喙，赤足，名曰"精卫"，其鸣自詨⑥。是炎帝⑦之少女，名曰女娃。女娃游于东海，溺而不返，故为精卫⑧。常衔西山之木石，以堙⑨于东海。

【注释】

①发鸠之山：古代传说中的山名。之，助词，无实义。②柘（zhè）木：柘树，桑树的一种。③焉：兼词，相当于"于之"，在这里。④乌：乌鸦。⑤文首：头上有花纹。文，通"纹"，花纹。⑥詨（xiào）：呼叫。⑦炎帝：相传就是教人们种植五谷的神农氏。⑧精卫：又名誓鸟、志鸟。⑨堙（yīn）：填塞。

【训练】

1. 解释下列句中加点的词。

（1）其上多柘木（   ）   （2）是炎帝之少女（   ）

（3）溺而不返 （   ）   （4）以堙于东海 （   ）

2. 把下列句子翻译成现代汉语。

（1）其上多柘木。有鸟焉。

_____

（2）其鸣自詨。是炎帝之少女。

_____

（3）常衔西山之木石，以堙于东海。

_____

3. 根据你的阅读积累，谈谈你对精卫的了解。

_____

_____

【拓展】

（一）阐发

晋代诗人陶渊明在诗中写道，"精卫衔微木，将以填沧海"，热烈赞扬了精卫敢于向大海抗争的悲壮气概。后世人们也常常以"精卫填海"比喻志士仁人所从事的艰巨卓越的事业。

后人同情、钦佩精卫，把它叫作"冤禽""誓鸟""志鸟""帝女雀"，并在东海边上立了古迹，叫作"精卫誓水处"。精卫锲而不舍的精神、善良的愿望、宏伟的志向受到人们的尊敬。

"精卫填海"是中国上古神话传说，最早载于《山海经·北山经》中。

（二）应用

多：（1）数量大。如《登泰山记》："石苍黑色，多平方，少圆。"（2）大多。如《岳阳楼记》："迁客骚人，多会于此。"又如《三峡》："绝巘多生怪柏。"（3）称赞、赞美。如《五蠹》："古传天下而不足多也。"又如《汉书·霍光传》："众庶莫不多光。"（4）只、仅仅。如《论语·子张》："多见其不知量也。"

【译文】

有发鸠山，山上多长柘树。有一种禽鸟在这里，它的形状像乌鸦，有着花纹的头、白嘴巴、红足爪，名叫"精卫"，它的鸣声如同呼唤自己（的名字）。这鸟（是）炎帝的小女儿，名叫女娃。女娃到东海游玩，溺死在东海里而没有返回，所以化为精卫鸟。它常常衔西山的树枝和石块，用来填塞在东海。

53.夸父逐日

【导引】

（一）评析

"夸父逐日"，又称"夸父追日"，是中国上古时代的神话传说，讲述了黄帝时期的夸父族首领夸父与太阳赛跑最终渴死的故事，表现了夸父神勇无比的英雄气概和为后人造福的精神，反映了中国古代先民了解自然、战胜自然的强烈愿望。

（二）要点

1. 实词：逐、得。

2. 虚词：于、而。

3. 句子：北饮大泽。未至，道渴而死。

夸父与日逐走[①]，入日[②]；渴，欲得饮，饮于河、渭[③]；河、渭不足，北[④]饮大泽。未至[⑤]，道渴而死。弃其杖，化为邓林[⑥]。

【注释】

①逐走：竞跑、赛跑。逐，竞争。走，跑。②入日：追赶到太阳落下的地方。

③河、渭：黄河、渭水。④北：向北。⑤至：到、到达。⑥邓林：地名，今大别山附近河南、湖北、安徽三省交界处。邓林即"桃林"。

【训练】

1. 解释下列句中加点的词。

（1）欲得饮　　（　　　　　　　　）　　（2）饮于河、渭（　　　　　　　　　）

（3）北饮大泽（　　　　　　　　　）　　（4）道渴而死　（　　　　　　　　　）

2. 把下列句子翻译成现代汉语。

（1）夸父与日逐走，入日。

_____

（2）河、渭不足，北饮大泽。

_____

（3）道渴而死。弃其杖，化为邓林。

_____

3. 神话故事的叙述往往具有丰富的想象力与神奇的色彩。阅读本文后，请你分角度讲述。

_____

_____

【拓展】

（一）阐发

本文出自《山海经·海外北经》。《山海经》是中国一部记述古代志怪的古籍，内容主要是民间传说中的地理知识，包括山川、地理、民族、物产、药物、祭祀等。

（二）应用

逐：（1）追赶、追击。如《曹刿论战》："遂逐齐师。"又如《五人墓碑记》："吴之民方痛心焉，于是乘其厉声以呵，则噪而相逐。"（2）跟随。如《史记·匈奴列传》："逐水草移徙。"又如《芙蕖》："纳凉而凉逐之生。"（3）追求。如《原君》："其逐利之情，不觉溢之于辞矣。"（4）竞争。如《五蠹》："上古竞于道德，中世逐于智谋，当今争于气力。"（5）驱逐。如《项羽本纪赞》："放逐义帝而自立。"又如《〈指南录〉后序》："维扬帅下逐客之令。"

【注意】

逐队、逐客、逐鹿。

【译文】

夸父与太阳赛跑，到了太阳落下的地方；他口渴，想要能够喝水，到黄河、渭河边喝水，黄河、渭河的水不够，他向北（去）大泽喝水。他没有赶到大泽，在路途上口渴而死。他遗弃下的手杖，化作桃林。

54.后羿射日

【导引】

（一）评析

这则神话塑造了英雄后羿的形象。

天上有十个太阳。十个太阳一起出现在天上时，草木庄稼枯死，百姓无食可吃，猛兽祸害人间……百姓遭受着天灾人祸，凄惨之状难以尽述。后羿神勇非凡，一连射下九个太阳，救万民于水火。千百年来，后羿射日的壮举为人们所称道。神话反映了中国古代劳动人民想要战胜自然、改造自然的美好愿望。

（二）要点

1. 实词：焦、命、坠。

2. 虚词：所、尽、故。

3. 句子：焦禾稼，杀草木，而民无所食。

尧①之时，十日并出。焦②禾稼，杀③草木，而民无所食。尧命羿④仰射十日，中其⑤九日。日中九乌皆死，堕⑥其羽翼，故⑦留其一日也。

万民皆喜，置尧以为⑧天子。

【注释】

①尧：传说中上古帝王名。②焦：使……烧焦。③杀：杀死。④羿（yì）：又称后羿，传说是夏王太康时东夷族首领，是著名的射箭手。⑤其：其中。⑥堕：使……落、掉。⑦故：故意。⑧以为：作为。

【训练】

1. 解释下列句中加点的词。

（1）而民无所食（　　　　　）　　（2）尧命羿仰射十日（　　　　　）

（3）中其九日　（　　　　　）　　（4）置尧以为天子　（　　　　　）

2. 把下列句子翻译成现代汉语。

（1）焦禾稼，杀草木，而民无所食。

_____

（2）中其九日。日中九乌皆死，堕其羽翼。

_____

（3）万民皆喜，置尧以为天子。

_____

_____

3. 神话的想象力极为丰富，请描述"十日并出"时的场景。

_____

_____

【拓展】

（一）阐发

"后羿射日"这个神话传说出自《淮南子》。该书在继承先秦道家思想的基础上，糅合了阴阳五行、墨、法和一部分儒家思想，但以道家思想为主。

中国南北气候和自然地理分界线为淮河，淮河流域四季分明、土地肥沃、交通便捷、文化发达。西汉前期，位于淮河中游的淮南国，成为当时重要的文化学术中心。淮南王刘安（前179—前122），南宋史学家高似孙（1158—1231）在《子略》中称之为"天下奇才"。

（二）应用

置：（1）放弃。如《鸿门宴》："沛公则置车骑，脱身独骑。"（2）放置、安放。如《五人墓碑记》："断头置城上，颜色不少变。"（3）放逐。如《郑伯克段于鄢》："遂置姜氏于城颍。"（4）摆设。如《信陵君窃符救赵》："公子于是乃置酒大会宾客。"（5）关押。如《狱中杂记》："苟入狱，不问罪之有无，必械手足，置老监。"

【译文】

尧时，十个太阳一同出来。灼热的阳光使庄稼枯焦，杀死花草树木，百姓没有吃的食物。尧派后羿仰射十个太阳，射中其中的九个太阳。太阳里的九只鸟全部死了，并使它们的羽翼掉落，故意留下其中的一个太阳。

百姓都非常开心，推举尧作为天子。

日积月累（7）

传记类文言文涉及的文化常识（一）

（一）授予官职类的文化常识

1. 荐、举：提拔，任用。由地方政府向中央推荐品行端正的人任以官职。例如：

《史记·五帝本纪》："举风后、力牧、常先、大鸿以治民。"

《文选·陈情表》："前太守臣逵察臣孝廉，后刺史臣荣举臣秀才。"

《左传·宣公十二年》："举不失德，赏不失劳。"

2. 辟：由中央官署征聘，然后向上举荐，任以官职。例如：

《晋书·谢安传》："初辟司徒府，除佐著作郎。"

《后汉书·钟皓传》："前后九辟公府。"

3. 征：由君王征聘社会知名人士充任官职。例如：

《后汉书·王涣传》："岁余，征拜侍御史。"

《后汉书·张衡传》："安帝雅闻衡善术学，公车特征，拜郎中，再迁为太史令。"

4. 拜：授予官职。例如：

《史记·廉颇蔺相如列传》："以相如功大，拜为上卿。"

《三国志·蜀书·诸葛亮传》："拜亮为丞相。"

《史记·淮阴侯列传》："至拜大将，乃韩信也，一军皆惊。"

5. 除：任命，授予官职。例如：

《〈指南录〉后序》："予除右丞相兼枢密使。"

《南史·虞愿传》："除太常丞，尚书祠部郎，通直散骑侍郎。"

《文选·陈情表》："寻蒙国恩，除臣洗马。"

6. 授：给予官职。例如：

《荀子·儒效》："若夫谲德而定次，量能而授官。"

《汉书·翟方进传》："遣使者持黄金印，赤韨緺，朱轮车，即军中拜授。"

《商君书·靳令》："国以功授官予爵。"

7. 起：重新起用，任以官职。例如：

《北齐书·清河王岳传》："遭母忧去职，寻起复本任。"

《战国策》："起樗里子于国。"

8. 拔：提升没有官职的人。例如：

《汉书·赵充国传》："拔之为后将军。"

《文选·陈情表》："过蒙拔擢，宠命优渥。"

9. 用于追封已故者。例如：

《阳给事诔》："可赠给事中振恤遗孤，以慰存亡。"

（二）调动官职类的文化常识

1. 升迁

（1）迁：调动官职，一般是提升调用，左迁指降职、贬官。例如：

《史记·贾谊传》："孝文帝说之，超迁，一岁中至太中大夫。"

《三国志·魏书·卢毓传》："心犹恨之，遂左迁毓。"

《汉书·主父偃传》："岁中四迁。"

《汉书·周昌传》："吾极知其左迁。"

（2）擢：由选拔而提升。例如：

《宋史·唐震传》："六年，江东大旱，擢知信州。"

《后汉书·赵壹传》："以高才擢进，屡迁。"

《明史·海瑞传》："时瑞已擢嘉兴通判，坐谪兴国州判官。"

（3）陟：升迁，指官吏的提升和进用。例如：

《出师表》："陟罚臧否，不宜异同。"

（4）进：用于较高职务追加。例如：

《汉书·孔光传》："退去贪残之徒，进用贤良之吏。"

（5）升：官职得到提拔。例如：

《祭卢虔文》："名因文著，位以才升。"

（6）超迁（擢）：破格升官。例如：

《史记·张释之冯唐列传》："今陛下以啬夫口辩而超迁之。"

2. 调动

（1）转、调、徙、迁：改任官职，转调原职品级的官职，不升不降。例如：

《隋史·徐文宝传》："文宝处法平允，考绩连最，转大理正。"

《汉书·袁盎传》："调为陇西都尉。"

《后汉书·张衡列传》："所居之官辄积年不徙。"

《史记·高祖本纪》："徙韩王信太原。"

（2）补：补充缺职。例如：

《汉书·循吏传》："迁补太守卒史，举贤良为大司农丞。"

《汉书·萧望之传》："是时选博士谏大夫通政事者补郡国守相，以望之为平原太守。"

（3）量移：被贬边远地区的官员，遇赦酌情移至近处任职。例如：

《自题》："三年随例未量移。"（白居易）

3. 降职、罢免

（1）贬：降职。例如：

《旧唐书·刘禹锡传》："贬连州刺史。"

《三国志·蜀书·诸葛亮传》："是当请自贬三等，以督厥咎。"

（2）谪：被罚流放或降职。例如：

《岳阳楼记》："滕子京谪守巴陵郡。"

（3）出：指出京受任。一般指贬官。例如：

《晋书卷二十八》："韦仁约弹右仆射褚遂良出为同州刺史。"

《晋书卷四十八》："咸宁初，入为御史中丞，迁侍中，又出为征房将军。"

"出"有时也指平调。例如：

《后汉书·张衡传》："永和初，出为何间相。"

（4）罢、免：罢黜，免去官职。例如：

《晋书·魏舒传》："非其才者罢之。"

《汉书·文帝纪》："遂免丞相勃，遣就国。"

（5）黜、废：废弃不用。例如：

《书博鸡者事》："台臣惭，追受其牒，为复守官而黜臧使者。"

《论语·微子》："柳下惠为士师，三黜。"

《管子·明法解》："不胜其任者废免。"

（6）褫：撤职查办。例如：

《上搜才表》："张勃进陈汤而坐以褫爵。"

（7）左迁：降职。例如：

《琵琶行》："元和十年，予左迁九江郡司马。"

（三）表兼职、代理官职类的文化常识

1. 兼：同时掌管，兼任。例如：

《旧五代史·甘荷余传》："未几，移镇青州，就加兼中书令。"

2. 领：兼任，代理，暂时担任。例如：

《后汉书·刘焉列传》："出焉为监军使者，领益州牧。"

《南史·虞愿传》："迁中书郎，领东观祭酒。"

3. 权：暂代官职。例如：

《宋史·李纲传》："积官至监察御史，兼权殿中侍御史。"

《上孝宗皇帝第一书》："以京官权知，三年一易。"

4. 行：代理官职。例如：

《三国志·魏书·武帝纪》："太祖行备武将军。"

《泷冈阡表》："观文殿学士特进行兵部尚书。"

5. 假：暂时代理。例如：

《汉书·苏武传》："武与副中郎将张胜及假吏常惠等募士、斥候百余人俱。"

6. 摄：暂时兼任比本官高的职务。例如：

《礼记·文王世子》："周公摄政，践祚而治。"

另，还有一些词语虽不表示官职变动，但常与官职结合在一起使用，如"知"后常跟地名，表示做某地的长官；"主"后常跟官府机构的名称，表示主持某官府机构的工作。

逻辑

55.晏子使楚

【导引】

（一）评析

本故事讲述了春秋末期齐国大夫晏子出使楚国的某个场景。楚王想采用侮辱晏子的计策来显示楚国的威风。故事情节可谓波澜起伏。晏子善于辞令、善辩的才能与斗争精神，得到了后人的赞誉。同时，故事也讽刺了楚王等人狂妄、傲慢、自作聪明的言行。

（二）要点

1. 实词：习、坐。

2. 虚词：方、为。

3. 句子：橘生淮南则为橘，生于淮北则为枳。

晏子将使①楚。楚王闻之，谓左右曰："晏婴，齐之习②辞者也。今方来，吾欲辱之，何以③也？"

左右对曰："为④其来也，臣请缚一人，过王而行，王曰：'何为⑤者也？'对曰：'齐人也。'王曰：'何坐⑥？'曰：'坐盗。'"

晏子至，楚王赐晏子酒，酒酣⑦，吏二缚一人诣⑧王。王曰："缚者曷⑨为者也？"对曰："齐人也，坐盗。"王视晏子曰："齐人固⑩善盗乎？"晏子避席⑪对曰："婴闻之，橘生淮南则为橘，生于淮北则为枳⑫，叶徒⑬相似，其实味不同。所以然⑭者何？水土异也。今民生长于齐不盗，入楚则盗，得无⑮楚之水土使民善盗耶？"王笑曰："圣人非所与熙⑯也，寡人反取病焉。"

【注释】

①使：出使。②习：通晓、熟习。③何以：即"以何"，用什么。④为：如果、假如。⑤何为：即"为何"，做什么。⑥坐：因……犯罪。⑦酣：酒喝得畅快，酒兴很浓。⑧诣（yì）：到……去。⑨曷：通"何"，什么。⑩固：本来。⑪避席：离开座位。避，离开；席，座位。古人席地而坐，用避席表示敬重。⑫枳：一种灌木类植物，果实小而苦。⑬徒：只，仅仅。⑭然：这样。⑮得无：莫非。⑯熙：

通"嬉"，玩笑。

【训练】

1. 解释下列句中加点的词。

（1）吾欲辱之　　（　　　　　　　）　　（2）过王而行　　（　　　　　　　　）

（3）缚者曷为者也（　　　　　　　）　　（4）其实味不同（　　　　　　　　）

2. 把下列句子翻译成现代汉语。

（1）晏婴，齐之习辞者也。

_____

（2）王视晏子曰："齐人固善盗乎？"

_____

（3）所以然者何？水土异也。

_____

3. 晏子使楚这个故事情节精彩，楚王、晏婴等人物形象栩栩如生。请任选一位人物分析其形象。

_____

_____

【拓展】

（一）阐发

本故事出自《晏子春秋》。晏子（约前578—前500），名婴，字仲，谥号"平"，夷维（今山东省高密市）人，春秋时期齐国政治家、思想家、外交家。《晏子春秋》是记叙晏婴言行的一部书。

文中的"反取病焉"现已演化为一个成语：自取其辱。

（二）应用

病：（1）病情加重。如《论语·述而》："子疾病，子路请祷。"（2）泛指病、生病。如《吕氏春秋·察今》："病万变，药亦万变。"又如《廉颇蔺相如列传》："相如每朝时，常称病。"（3）困苦不堪。如《捕蛇者说》："向吾不为斯役，则久已病矣。"（4）弊病、毛病。如《原毁》："不如舜，不如周公，吾之病也。"又如《训俭示康》："人皆嗤吾固陋，吾不以为病。"（5）羞辱；耻辱。如《晏子使楚》："寡人反取病焉。"又如《答韦中立论师道书》："非独见病，亦以病吾子。"（6）担忧；忧虑。如《论语·卫灵公》："君子病无能焉，不病人之不己知也。"

【译文】

晏子将要出使楚国。楚王听闻这个事，告诉近臣说："晏婴，齐国通晓辞令的人啊。现在将要前来，我想羞辱他，用什么办法呢？"

近臣回答说："如果他来啊,我请求绑一个人,在大王面前经过而押走,大王问:'做什么的啊?'(我们就)回答说:'(他)是齐国人。'大王问:'犯什么罪呢?'(我们)说:'(他)犯了偷盗罪。'"

晏子到访楚国,楚王赏赐晏子美酒,酒喝得畅快的时候,两个差吏绑着一个人到楚王面前去。楚王问:"绑着的人是干什么的?"近臣回答说:"他是齐国人,犯了偷盗罪。"楚王看着晏子说:"齐国人本来就擅长偷盗吗?"晏子离开座位回答说:"我听说这样的事,橘树生长在淮河以南就结出橘子,生长在淮河以北就结出枳,叶子的形状仅仅是相似,它们果实的味道不相同。这样的原因是什么呢?水土环境有差异啊。现在百姓生活在齐国不偷盗,到了楚国就偷盗,莫非楚国的水土使得百姓善于偷盗吗?"楚王笑着说:"圣人不是同他开玩笑的啊,我反而自取其辱了。"

56.矛①与盾②

【导引】

(一)评析

本文说的是一位楚人同时赞誉自己所卖的矛是如何锋利、盾又是如何坚固,但在旁人发问时却不能自圆其说。告诫世人说话、办事要诚实守信,不能言过其实,更不能自相矛盾。

(二)要点

1. 实词:鬻、誉、陷。

2. 虚词:之、莫、夫。

3. 句子:楚人有鬻盾与矛者。

吾盾之坚,物莫能陷也。

楚人有鬻(yù)盾与矛者,誉之曰:"吾③盾之坚,物莫④能陷也。"又誉其矛曰:"吾矛之利,于物无不陷也。"或曰:"以⑤子⑥之矛,陷子之盾,何如⑦?"其⑧人弗能应也。夫不可陷之盾与无不陷之矛,不可同世而立。

【注释】

①矛:古代用来刺杀敌人的长柄兵器。②盾:盾牌,古代作战时遮挡刀剑用。③吾:我。④莫:没有(什么)。⑤以:使用、用。⑥子:您,古时对人的尊称。⑦何如:怎么样。⑧其:代词,指那个卖矛和盾的人。

【训练】

1. 解释下列句中加点的词。

（1）楚人有鬻盾与矛者（　　　　　　） （2）誉之 （　　　　　　）

（3）物莫能陷也 （　　　　　　） （4）其人弗能应也（　　　　　　）

2. 下列"之"字用法与其他三项不同的一项是（　　　　）。

A. 吾盾之坚　　　　B. 以子之矛　　　　C. 陷子之盾　　　　D. 不可陷之盾

3. 把下列句子翻译成现代汉语。

（1）楚人有鬻盾与矛者。

_____

（2）吾矛之利，于物无不陷也。

_____

（3）夫不可陷之盾与无不陷之矛，不可同世而立。

_____

4. 现实生活中也不乏说话、做事自相矛盾的事例。请举一例并谈谈你的感受。

_____

_____

【拓展】

（一）阐发

《矛与盾》的寓意是指说话、办事要符合逻辑思维，也不能违背事物的客观规律，本寓言用来比喻说话、做事前后矛盾或抵触。

（二）应用

鬻：（1）卖。如"楚人有鬻盾与矛者"。又如刘勰《文心雕龙•情采》："诸子之徒，心非郁陶，苟驰夸饰，鬻声钓世，此为文而造情也。"（2）买。如《卖柑者言》："置于市，贾十倍，人争鬻之。"（3）通"粥"，可直接解释为"粥"。如《三国志•魏书•管宁传》："饭鬻餬口，并日而食。"

【译文】

楚国有一个卖盾和矛的人，他赞誉他的盾说："我的盾坚固，什么东西都不能够穿透它。"又赞誉他的矛说："我的矛锋利，对于任何东西没有不可以穿透的。"有人问："用您的矛刺透您的盾，怎么样呢？"那个卖盾和矛的人不能应答。要知道不可被刺透的盾与没有什么不能刺透的矛，不可能同时存在于这个世界上。

57.智子疑邻

【导引】

（一）评析

宋国一富人家因天下雨致使其家泥墙被损，其子与邻人之父都发表了相同的看法；而富人又因晚上大失家财之后对其子与邻人之父产生了不同的评价。富人一家在调查事实、分析之前就主观臆测妄下论断，难免会陷入用亲疏和感情作为判断标准的泥淖之中。

（二）要点

1. 实词：坏、盗、智。

2. 虚词：其、而。

3. 句子：天雨墙坏。

宋①有富人，天雨②墙坏。其子曰："不筑③，必将有盗④。"其邻人之父⑤亦云⑥。暮而果⑦大亡⑧其财，其家甚⑨智⑩其子，而⑪疑邻人之父。

【注释】

①宋：宋国。②雨（yù）：下雨。③筑：修补。④盗：偷盗、盗贼。⑤父：对老年人的尊称。⑥云：说。⑦果：果然。⑧亡：丢失。⑨甚：很，非常。⑩智：以……为智，把他家的儿子看作很聪明。⑪而：可是、但是。

【训练】

1. 解释下列句中加点的词。

（1）天雨墙坏　　　　（　　　　　　）　　（2）其邻人之父亦云（　　　　　　　　）

（3）暮而果大亡其财（　　　　　　）　　（4）而疑邻人之父　（　　　　　　　　）

2. 把下列句子翻译成现代汉语。

（1）宋有富人，天雨墙坏。

_____

（2）其家甚智其子，而疑邻人之父。

_____

3. 文章简短，但情节生动曲折、寓意深厚。请你就情节或人物形象谈谈你的阅读感受。

_____

_____

【拓展】

（一）阐发

客观分析：持有相同意见的人因身份不同，以及与主人亲疏关系的不同而遭到不同对待。

富人角度：听取他人意见时不能因其身份不同、与自己的亲疏关系不同而存在偏见影响判断。

邻人角度：在给别人提意见时要注意与别人的亲疏关系，注意提出意见的方式与深浅程度，以免交浅言深反受他人误解甚至非议。

本文出自《韩非子·说难》。

（二）应用

智：（1）智谋。如《廉颇蔺相如列传》："臣窃以为其人勇士，有智谋。"（2）意动用法，以……为智。如"其家甚智其子"。

【译文】

宋国有个富人，天下雨致使他家的墙被毁坏。他的儿子说："不修补，必定会有盗贼。"他邻居家的老人也说会有盗贼。晚上果然丢失很多财物，富人一家把他的儿子看作很聪明，却怀疑邻居家的老人。

58.掩耳盗铃

【导引】

（一）评析

本文讲述了范氏逃亡之时，有个平民用槌子毁钟偷钟的故事。其间，他害怕别人听到钟的声音就捂住自己的耳朵。其人行事逻辑很荒谬，读来引人发笑并深思。

（二）要点

1. 实词：负、恐。

2. 虚词：则、遽。

3. 句子：以椎毁之，钟况然有音。

百姓有得①钟②者，欲负而走③，则④钟大不可负。以⑤椎⑥毁之，钟况然有音。恐人闻之而夺己也，遽掩其耳。

【注释】

①得：得到、获得。②钟：古代的打击乐器。③走：跑、逃跑。④则：就是。

⑤以：用。⑥椎（chuí）：槌子或棒子。

【训练】

1. 解释下列句中加点的词。

（1）欲负而走　　　　（　　　　）　　（2）钟况然有音（　　　　　）

（3）恐人闻之而夺己也（　　　　）　　（4）遽掩其耳　（　　　　　）

2. 把下列句子翻译成现代汉语。

（1）百姓有得钟者，欲负而走。

_____

（2）以椎毁之，钟况然有音。

_____

（3）恐人闻之而夺己也，遽掩其耳。

_____

3. 请自行选择一个角度说说这个掩耳盗铃者的心理状态。

_____

4. 请联系生活实际谈谈这则寓言的寓意。

_____

【拓展】

（一）阐发

钟的响声是客观存在的，不管你是否捂住耳朵。把耳朵捂住就以为自己听不见别人也会听不见，是一种主观又荒诞的想法。

"掩耳盗铃"原为"掩耳盗钟"，出自《吕氏春秋·自知》。后来"钟"演变成为"铃"，今常写作"掩耳盗铃"，比喻自欺欺人。

（二）应用

则：（1）法则、准则。如《叔向贺贫》："宣其德行,顺其宪则。"（2）效法。如《易经·系辞》："河出图,洛出书,圣人则之。"（3）乃、就是。如《岳阳楼记》："此则岳阳楼之大观也。"又如《掩耳盗铃》："则钟大不可负。"（4）就、便。如《寡人之于国也》："河内凶,则移其民于河东。"（5）却、可是。如《师说》："爱其子,择师而教之,于其身也,则耻师焉。"（6）连词,表示因果或用在对比句中,如果、假使。如《史记·项羽本纪》："谨守成皋,则汉欲挑战,慎勿与战。"又如《论语·述而》："用之则行,舍之则藏,唯我与尔有是夫。"再如《孟子·告子下》："入则无法家拂士,出则无敌国外患者,国恒亡。"

【译文】

　　有个平民获得一口钟，他想要背着它逃跑，就是这口钟很大不可以用背驮。他用槌子击毁这口钟，钟有咣咣的声音发出。他恐怕别人听到咣咣的声音而抢夺自己获得的钟，急速地掩盖住他的耳朵。

掩耳盗铃

唯心

59.揠苗助长

【导引】

（一）评析

子曰："无欲速，无见小利。欲速则不达，见小利则大事不成。"（语出《论语·子路》）子夏做了莒父的县长，问政治。孔子道："不要图快，不要顾小利。图快，反而不能达到目的；顾小利，就办不成大事。"

本文寓意：不考虑实际情况而仅仅凭借自己的主观愿望去做事，即使有善良的动机和美好的愿望，结果也往往会适得其反。

（二）要点

1. 实词：病、趋。

2. 虚词：之、然、徒、而。

3. 句子：天下之不助苗长者寡矣！

宋人有闵其苗之不长①而揠②之者，芒芒然③归，谓其人④曰："今日病矣！予助苗长矣。"其子趋而往⑤视之，苗则槁矣。天下之不助苗长者寡矣！以为无益而舍之者，不耘苗⑥者也；助之长者，揠苗者也。非徒⑦无益，而⑧又害之。

【注释】

①长(zhǎng)：生长，成长。②揠(yà)：拔。③芒芒然：疲惫不堪的样子。④其人：他家里的人。⑤往：去，到。⑥耘苗：拔苗。⑦徒：仅仅。⑧而：而且。

【训练】

1. 解释下列句中加点的词。

（1）闵其苗之不长（　　　　） 　　（2）芒芒然归　　　　　　（　　　　　）

（3）今日病矣　　（　　　　） 　　（4）天下之不助苗长者寡矣（　　　　　）

2. 下列句中对加点字的解释不正确的一项是（　　　　）。

A. 宋人有闵其苗之不长（的）　　　B. 予助苗长矣（我）

C. 其子趋而往视之（快步走）　　　D. 非徒无益，而又害之（非但，不只是）

3. 把下列句子翻译成现代汉语。

（1）宋人有闵其苗之不长而揠之者。

_____

（2）其子趋而往视之，苗则槁矣。

_____

（3）助之长者，揠苗者也。非徒无益，而又害之。

_____

4. 这则寓言故事的寓意是什么？请联系生活实际谈谈你的感想。

_____

_____

【拓展】

（一）阐发

本文出自《孟子·公孙丑上》。急于求成地把苗拔起来帮助其成长，违反了事物的发展规律，最后事与愿违。揠苗助长也写作"拔苗助长"。对于一切事物人们都必须按照客观规律去发挥自己的主观能动性，才能把事情做好。

（二）应用

徒：（1）仅仅。如"非徒无益，而又害之"。又如《廉颇蔺相如列传》："强秦之所以不敢加兵于赵者，徒以吾两人在也。"（2）白白地。如《孔雀东南飞》："妾不堪驱使，徒留无所施。"

成语：徒劳往返。见《封神演义》第五十六回："大夫今日见谕，公则公言之，私则私言之，不必效舌剑唇枪，徒劳往返耳。"

【译文】

宋国有个担忧他家禾苗不长高就去拔高禾苗的人，疲惫不堪的样子回到家，告诉他的家里人说："今天太累了！我帮助禾苗长高了！"他的儿子小步紧走前往田地查看禾苗，禾苗已经枯萎了。天下不助力禾苗生长的人很少啊！认为拔苗助长是没有好处而放弃这种做法的人，就是不拔苗的人；（妄自）助力禾苗生长的人，是这个拔苗助长的人啊。不只是没有好处，而且又损害了它。

60.不死之药

【导引】

（一）评析

战国时代一些最高统治者希望长生不老，某些方士利用这一点行骗。韩非子的这则寓言，从客观上反映了当时求药风气之盛，并且讽刺了统治者的无知，揭露了方士的骗人把戏。

这则寓言否定了不死之药，否定了长生不老，体现了韩非子的朴素唯物论思想，在当时的风气下这是难能可贵的。

本文出自《战国策》。故事中的中射之士是一个聪明、能言善辩、正直、善于思考、忠心耿耿的人。

（二）要点

1. 实词：谒、说、释。

2. 虚词：于、因、且。

3. 句子：是死药也，是客欺王也。

有献不死之药①于荆王②者，谒者③操之以入。中射之士④问曰："可食乎？"曰："可。"因夺而食之。王大怒，使人杀中射之士。中射之士使人说⑤王曰："臣问谒者，曰'可食'，臣故食之。是⑥臣无罪，而罪在谒者也。且⑦客献不死之药，臣食之而王杀臣，是死药也，是客欺王也。王杀无罪之臣而明人之欺王也，不如释臣。"王乃不杀。

【注释】

①不死之药：传说可以使人长生不老的药。②荆王：楚王。荆，楚国的别称。③谒者：专门为天子传达命令的官员，守门官。④中射之士：指宫廷中的侍卫官。⑤说：劝说、说服。⑥是：这。⑦且：而且、况且。

【训练】

1. 解释下列句中加点的词。

（1）谒者操之以入　（　　　　　　）　　（2）因夺而食之（　　　　　　　）

（3）臣食之而王杀臣（　　　　　　）　　（4）不如释臣　（　　　　　　　）

2. 把下列句子翻译成现代汉语。

（1）有献不死之药于荆王者。

（2）臣问谒者，曰"可食"，臣故食之。

_____

（3）臣食之而王杀臣，是死药也，是客欺王也。

_____

3. 请从动作、语言等角度分析中射之士的形象。

_____

_____

4. 中射之士是否该杀？请结合文章内容说说你的看法。

_____

_____

_____

【拓展】

（一）阐发

逻辑学中有一种叫作"二难推理"的方法，其大前提是两个充分条件的假言判断，小前提是一个选言判断。这种推理方法的特点是不论肯定两个假言判断的前件或否定两个假言判断的后件，都将使论辩的对方陷入进退维谷、左右为难的境地。"二难"之名即由此而来。

这则寓言里的中射之士（即卫士）正是运用了"二难推理"的方法来揭露不死之药的骗局并为自己辩白。

楚王不杀中射之士，一是因为中射之士巧言善辩，依据逻辑推理证明不死之药为伪；二是楚王并不是很昏聩，能够听取臣下的合理解释。

（二）应用

是：（1）对、正确，认为……正确。如《归去来兮辞》："实迷途其未远，觉今是而昨非。"（2）这、这个、这样；这样看来，由此看来。如《石钟山记》："是说也，人常疑之。"又如《韩非子·孤愤》："是明法术而逆主上者，不僇于吏诛，必死于私剑矣。"（3）凡是、所有的。如《牡丹亭·惊梦》："是花都放了，那牡丹还早。"（4）是。如《琵琶行》："同是天涯沦落人。"

【译文】

有给楚王献长生不老药的人，拜访者拿着药进入宫中。中射之士问道："（这）可以吃吗？"答说："可以（吃）。"中射之士于是抢夺过来并吃了这药。楚王很恼怒，派人杀中射之士。中射之士让人劝说楚王说："我问拜访者，他说'可以（吃）'，我因此吃了这药。这事我没有罪，罪在拜访者。况且拜访者献的是长生不死的药，我吃了这药可是大王杀死了我，这（就是）使人死的药啊，由此看来（是）那拜访者欺骗了大王啊。大王杀没有罪的臣子就表明有人在欺骗大王啊，不如释放了我吧。"

楚王就没有杀（中射之士）。

61.画蛇添足

【导引】

（一）评析

本文讲述了一人画蛇时给蛇添上脚而最终失去了美酒的故事。生活中也常常有这样自作聪明的人，多此一举反而把事情办糟搞砸。

（二）要点

1. 实词：赐、亡。

2. 虚词：安。

3. 句子：为蛇足者，终亡其酒。

　　楚有祠者①，赐其舍人②卮③酒。舍人相谓④曰："数人饮之不足，一人饮之有余。请画地为蛇，先成者饮酒。"

　　一人蛇先成，引⑤酒且⑥饮之，乃左手持卮，右手画蛇曰："吾能为之足。"未成，一人之蛇成，夺取卮曰："蛇固⑦无足，子安⑧能为之足？"遂饮其酒。

　　为⑨蛇足者，终亡其酒。

【注释】

①祠者：主持祭祀的官员。②舍人：门客。③卮（zhī）：古代盛酒的器具。④相谓：互相谈论。⑤引：取。⑥且：将要。⑦固：本来。⑧安：怎么，哪里。⑨为：做。【注意】"为"是一个意义相当广泛的动词，其基本意义是"做"，但在不同的语境中，可以表示多种具体的意义。本句中的"为"可引申为动词"画"。

【训练】

1. 解释下列句中加点的词。

（1）赐其舍人卮酒（　　　　　　）　　（2）吾能为之足　（　　　　　　　）

（3）蛇固无足　（　　　　　　）　　（4）子安能为之足（　　　　　　　）

2. 把下列句子翻译成现代汉语。

（1）请画地为蛇，先成者饮酒。

（2）蛇固无足，子安能为之足？

3. 读了这则故事，你受到了什么启发？

_____

_____

【拓展】

（一）阐发

故事内容浅显，但蕴含的道理深刻。告诫我们无论做什么事情都要尊重客观事实，实事求是。后人根据这个故事引申出"画蛇添足"这个成语，比喻有的人自作聪明，常常节外生枝，反而坏事，也比喻虚构事实，无中生有。

本文出自《战国策·齐策二》。

（二）应用

固：（1）本来。如《史记·报任少卿书》："人固有一死，或重于泰山，或轻于鸿毛，用之所趋异也。"（2）坚固，引申为"稳固、巩固"，如《得道多助，失道寡助》："域民不以封疆之界，固国不以山溪之险。"又引申为"固执"，如《愚公移山》："汝心之固，固不可彻，曾不若孀妻弱子。"

【译文】

楚国有位主管祭祀的官员，把一壶酒赏赐给他的门客。门客们互相谈论说："几个人喝这壶酒不够，一个人喝这壶酒还有剩余。请在地上画蛇，先画成的人就喝这壶酒。"

一个人画蛇先完成了，他拿起酒壶将要饮酒，就左手拿着酒壶，右手画着蛇说："我能够给蛇画脚！"还没有画完，另一个人的蛇画成了，夺过他的酒壶说："蛇本来没有脚，你怎么能给它画脚呢？"于是那人就喝了那壶酒。

那个给蛇画脚的人，最终失掉了那壶酒。

62.南辕北辙①

【导引】

（一）评析

本文讲述了一个魏地人要乘车到楚国去的故事。

寓意：无论做什么事，只有首先看准方向，才能充分发挥自己的有利条件；如果方向错了，那么有利条件越多，离原先的目标就越远。比喻做事不能背道而驰，要切合客观的实际情况。

（二）要点

1. 实词：信、王。

2. 虚词：虽、犹、而。

3. 句子：君之楚，将奚为北面？

　　魏王欲攻邯郸。季梁……往见王曰："今者臣来，见人於②大行③，方④北面而持其驾，告臣曰：'我欲之楚。'臣曰：'君之楚，将奚为⑤北面？'曰：'吾马良。'臣曰：'马虽良，此非楚之路也。'曰：'吾用多。'臣曰：'用虽多，此非楚之路也。'曰：'吾御者⑥善。'此数者愈善而离楚愈远耳。今王动⑦欲成霸王，举欲信⑧于天下，恃⑨王国之大，兵之精锐，而攻邯郸，以广⑩地尊⑪名。王之动愈数，而离王⑫愈远耳。犹至楚而北行也。"

【注释】

①辙：车轮在路上留下的痕迹。②於：在。③大行：大路。④方：正在。⑤奚为：为什么。⑥御者：驾车的人，马夫。⑦动：举动。⑧信：取信。⑨恃：依靠，依仗。⑩广：扩大。⑪尊：使……尊贵。⑫王：称王。

【训练】

1. 解释下列句中加点的词。

（1）方北面而持其驾（　　　　　）　　（2）我欲之楚（　　　　　）

（3）吾用多　　（　　　　　）　　（4）吾御者善（　　　　　）

2. 下列句子朗读停顿有误的一项是（　　　　）。

A. 方北面 / 而持其驾

B. 此数者 / 愈善 / 而离楚 / 愈远耳

C. 恃 / 王国之 / 大，兵之 / 精锐，而攻 / 邯郸，以广 / 地尊名

D. 王之动 / 愈数，而离王 / 愈远耳

3. 把下列句子翻译成现代汉语。

（1）君之楚，将奚为北面？

_____

（2）此数者愈善而离楚愈远耳。

_____

（3）恃王国之大，兵之精锐，而攻邯郸，以广地尊名。

_____

4. 请联系生活实际谈谈你读了这则故事的体会？

_____

_____

【拓展】

（一）阐发

《南辕北辙》出自《战国策·魏策四》。

由于那个要乘车到楚国去的人选择了相反的方向又不听别人的劝告，最后只能离楚国越来越远。作者借助这个故事表达了对明君的渴望，希望能一展自己的才华，终有一番作为。

（二）应用

恃：依靠、依赖。如《诗经·小雅》："无父何怙？无母何恃？"成语有"有恃无恐"。

【译文】

魏王想要攻打邯郸。季梁……前往拜见魏王说："今天我过来的时候，在大路上遇见了一个人，正在面朝北驾着他的车，他告诉我说：'我想到楚国去。'我说：'您到楚国去，为什么面朝北呢？'他说：'我的马精良。'我说：'你的马即使很精良，这不是去楚国的路啊。'他说：'我的资用多。'我说：'你的资用即使多，这不是去楚国的路啊。'他说：'我的马夫擅长驾车。'这几个条件越是好，距离楚国就越远。现在大王的行动是想成为霸王，举止是想取信于天下，依仗魏国的强大，军队的精锐，而去攻打邯郸，用来扩张土地使王的名声尊贵。大王这样的行动越多，可是距离称王的事业就越来越远。犹如到楚国可是向北走一样啊。"

日积月累（8）

传记类文言文涉及的文化常识（二）

一、王朝官职类的文化常识

1. 爵：爵位、爵号，是古代皇帝对贵戚功臣的封赐。

旧说周代有公、侯、伯、子、男五种爵位，后代爵称和爵位制度往往因时而异。如汉初刘邦既封皇子为王，又封了七位功臣为王；唐郭子仪被封为汾阳郡王；再如宋代寇準封莱国公，王安石封荆国公，司马光为温国公；明代刘基封诚意伯，王阳明封新建伯；清代曾国藩封一等毅勇侯，左宗棠封二等恪靖侯，李鸿章封一等肃毅伯。

2. 丞相：封建官僚机构中的最高官职，是秉承君主旨意综理全国政务的人。有时称相国，常与宰相通称，简称"相"。

古诗文中涉及"相"的诗句，如："王侯将相宁有种乎？"（《陈涉世家》）；"且庸人尚羞之，况于将相乎！"（《廉颇蔺相如列传》）；"丞相祠堂何处寻，锦官城外柏森森。"（《蜀相》）；"予除右丞相兼枢密使，都督诸路军马。"（《〈指南录〉后序》）。

3. 太师：指两种官职。其一，古代称太师、太傅、太保为"三公"，后多为大官加衔，表示恩宠而无实职。其二，古代又称太子太师、太子太傅、太子太保为"东宫三师"，都是太子的老师，太师是太子太师的简称，后来也逐渐成为虚衔。

4. 太傅：古代"三公"之一，又指"东宫三师"之一，如贾谊曾先后任皇子长沙王、梁怀王的老师，故封为太傅。后逐渐成为虚衔，如曾国藩、曾国荃、左宗棠、李鸿章死后都被追赠太傅。

5. 少保：指两种官职。其一，古代称少师、少傅、少保为"三孤"，后逐渐成为虚衔。其二，古代称太子少师、太子少傅、太子少保为"东宫三少"，后也逐渐成为虚衔。

6. 书：最初是掌管文书奏章的官员。隋代始设六部，唐代确定六部为吏、户、礼、兵、刑、工，各部以尚书、侍郎为正、副长官。如《后汉书·张衡列传》："上书乞骸骨，征拜尚书。"再如大书法家颜真卿曾任吏部尚书，诗人白居易曾任刑部尚书，史可法曾任兵部尚书。

7. 学士：魏晋时是掌管典礼、编撰诸事的官职。唐以后指翰林学士，成为皇帝的秘书、顾问，参与机要，因而有"内相"之称。明清时承旨、侍读、侍讲、编修、庶吉士等虽亦为翰林学士，但与唐宋时翰林学士的地位和职掌都不同。白居易、欧阳修、苏轼、司马光、沈括、宋濂等都曾是翰林学士。

8. 上卿：周代官制。天子及诸侯皆有卿，分上、中、下三等。最尊贵者谓"上卿"，如《廉颇蔺相如列传》："廉颇为赵将……拜为上卿。"

9. 大将军：先秦、西汉时是将军的最高称号。如汉高祖以韩信为大将军，汉武帝以卫青为大将军。魏晋以后渐成虚衔而无实职。

10. 参知政事：简称"参政"，是唐宋时期最高的政务长官之一，与同平章事、枢密使、枢密副使合称"宰执"。宋代范仲淹、欧阳修、王安石都曾任此职。

11. 军机大臣：军机处是清代辅佐皇帝的政务机构，任职者无定员，一般由亲王、大学士、尚书、侍郎或京堂兼任，称为军机大臣。军机大臣少则三四人，多则六七人，被称为"枢臣"。

12. 军机章京：军机处的办事人员，军机大臣的属官，被称为"小军机"。

13. 御史：本为史官，秦以后置御史大夫，职位仅次于丞相，主管弹劾、纠察官员过失诸事。韩愈曾任监察御史。又如《记王忠肃公翱事》"公为都御史，与太监某守辽宁"，王翱当时任都察院长官。

二、官吏选拔的文化常识

1. 世袭制：亦称世卿世禄制，它是一种通过家族血缘关系来确定政府各级官员的任命，依血缘亲疏定等级尊卑和官爵高下的制度。

2. 荐举、征辟制：根据皇帝诏令所规定的科目，由中央或地方的高级官员，通过考察向中央推荐士人或下级官吏的选官制度，也可叫作察举，主要科目有孝廉、贤良、文学、茂才等，如"前太守臣逵，察臣孝廉；后刺史臣荣，举臣秀才"（《陈情表》）。

征辟也是汉代选拔官吏的一种形式。征是皇帝征聘社会知名人士到朝廷充任要职。辟是中央官署的高级官僚或地方政府的官吏任用属吏，再向朝廷推荐。如"连辟公府，不就""安帝雅闻衡善术学，公车特征拜郎中"（《后汉书·张衡列传》）。

3. 科举制：创于隋代，发展完备于宋代，衰落于清代，先后绵延1300多年，是封建社会中后期的主要铨选制度。考察科目繁多，有秀才、明经、进士、明法、明算、童子等科，各科考试方法和内容各异。明代以后考试程序又分院试、乡试、会试和殿试。殿试三年一考，由皇帝亲自裁定名次，定一甲前三名，依次称状元、榜眼、探花。

4. 军功、郎选、恩荫。

三、到任、离任、休假、行使职权的术语

1. 新（始）视事：刚刚到任。 例如：

《汉书·游侠传》："是时，茂陵守尹公新视事。"

2. 下车：官吏初到任。例如：

《后汉书·刘宠列传》："自明府下车以来，狗不夜吠，民不见吏。"

3. 秩满：官吏任期届满。例如：

《傅正议墓志铭》："秩满，造行在所，顾不数见公卿。"

4. 致仕：交还官职，即退休。例如：

《后汉书·刘般列传》："永宁元年，称病上书致仕。"

5. 归田：辞官还乡。例如：

《晋书·李密列传》："官中无人，不如归田。"

6. 乞骸骨：年老了请求辞职退休。例如：

《后汉书·张衡列传》："视事三年，上书乞骸骨，征拜尚书。"

7. 休沐、出沐、归沐：官吏例行休假。

8. 用事、听事：执掌政权，处理政务。

四、考核的术语

1. 铨：衡量官吏的资历和劳绩。如《宋书·武帝纪中》："府州久勤将吏，依劳铨序。"

2. 课试：考查、考核。例如：

《韩非子·亡徵》："境内之杰不事，而求封外之士，不以功伐课试，而好以名问举错。"

3. 考绩、考功：考核官吏的政绩。例如：

《后汉书·马援列传》："故考绩黜陟，以明褒贬。"

五、官学中的教师（学务官员）、学员名称

1. 学官：古代主管学务的官员和官学教师的统称。例如：祭酒、博士、助教、提学、学政、教授、教习、教谕。

2. 祭酒：古代主管国子监或太学的教育行政长官。战国时荀子曾三任稷下学宫的祭酒，相当于现在的大学校长。唐代的韩愈曾任国子监祭酒。

3. 博士：古为官名，现为学位名称。秦汉时是掌管书籍文典、通晓史事的官职，后成为学术上专通一经或精通一艺、从事教授生徒的官职。例如：

《三国志·吕蒙传》："孤岂欲卿治经为博士邪！"

4. 司业：学官名。为国子监或太学副长官，相当于现在的副校长，协助祭酒主管教务训导之职。如《送东阳马生序》："有司业、博士为之师。"

5. 学政：学官名，"提督学政"的简称，是由朝廷委派到各省主持院试并督察各地学官的官员。学政一般由翰林院或进士出身的京官担任。例如：

《促织》："又嘱学使，俾入邑庠。"学使即学政的别称。

《左忠毅公逸事》："乡先辈左忠毅公视学京畿。"指左光斗任京城地区的学政。

6. 教授：原指传授知识、讲课授业，后成为学官名。汉唐以后各级学校均设教授，主管学校课试具体事务。

7. 助教：学官名，是国子监或太学的学官，协助国子祭酒和国子博士教授生徒，又称国子助教。

8. 监生：国子监的学生。或由学政考取，或地方保送，或皇帝特许，后来成为虚名，捐钱就能取得监生资格。《祝福》中的四叔就是"一个讲理学的老监生"，《儒林外史》中的严监生则是一个吝啬鬼的典型。

9. 诸生：明清时期经考试录取而进入府、州、县各级学校学习的生员。生员有增生、附生、廪生、例生等，统称诸生。例如：

《送东阳马生序》："今诸生学于太学。"此处"诸生"指在国子监学习的各类监生。

六、和疾病、死亡有关的常见词语

1. 丁忧：遭父母之丧，又叫"丁艰"。

2. 行服：守孝，服丧。

3. 服阙：又叫"除服、服除"，守孝期满，除去丧服。

4. 哀毁：居丧期间，因伤痛过度而伤害身体。

5. 大渐：病危。

6. 寝疾：卧病。

7. 大辟：死刑。

表里

63.叶公好龙

【导引】

（一）评析

日常生活中的叶公以龙为饰，貌似与龙为伴，但真正遇见真龙时却被惊吓得六神无主弃真龙而逃。原来这叶公并不是喜欢真龙，而是喜欢那些像龙而又不是龙的东西，由此辛辣地讽刺了叶公好龙的名不副实、表里不一。

（二）要点

1. 实词：好、闻、窥。

2. 虚词：以、于、夫。

3. 句子：弃而还走，失其魂魄，五色无主。

叶公子高①好龙，钩②以写③龙，凿④以写龙，屋室雕文⑤以写龙。于是天龙闻而下之，窥⑥头于牖⑦，施⑧尾于堂。 叶公见之，弃而还⑨走，失其魂魄，五色无主。是叶公非好龙也，好夫⑩似龙而非龙者也。

【注释】

①叶公：春秋时人，字子高。②钩：衣服上的带钩。③写：画。④凿：通"爵"，古代饮酒的器具。⑤文：通"纹"，图案、花纹。⑥窥（kuī）：观察、侦探。⑦牖（yǒu）：窗户。⑧施：延伸。⑨还：通"旋"，回转。⑩夫：这，那。

【训练】

1. 解释下列句中加点的词。

（1）叶公子高好龙（　　　　　　　）　　（2）钩以写龙（　　　　　　　）

（3）弃而还走　（　　　　　　　）　　（4）五色无主（　　　　　　　）

2. 把下列句子翻译成现代汉语。

（1）叶公见之，弃而还走。

（2）是叶公非好龙也，好夫似龙而非龙者也。

3.“叶公好龙”现已演化为一个成语。请你再写三个含有“龙”字的成语并做简要阐释。

_____

_____

【拓展】

（一）阐发

本文出自汉代刘向的《新序·杂事五》。

刘向（约前77—前6），本名更生，字子政，沛郡丰邑（今江苏省徐州市丰县）人，著名经学家、目录学家、文学家。刘向的散文主要是奏疏和校雠古书的“叙录”，较有名的有《谏营昌陵疏》和《战国策叙录》。刘向的散文叙事简约，理论畅达、舒缓平易。

（二）应用

还：通“旋”，如《扁鹊见蔡桓公》：“居十日，扁鹊望桓侯而还走。”

写：画，如“轻描淡写”。

【注意】

书、写、画辨析。

【译文】

叶公喜欢龙，衣带钩上用来画龙，酒器上用来画龙，居室里雕镂的花纹上用来画龙。于是天龙听闻后下到叶公家，从窗户上探望，龙尾伸到了厅堂。叶公看到这真龙，丢下真龙转身就跑，吓得丢失魂魄，脸色忽白忽黄无法自主。这个叶公并不是喜欢龙啊，喜欢那些像龙而又不是龙的东西。

64.楚王好细腰

【导引】

（一）评析

本文既写出了楚灵王的不良嗜好，也映照出了满朝臣子的谄媚之态，讽刺那些投其所好者的可悲处境。

（二）要点

1. 实词：好、士、期年、色。

2. 虚词：以。

3. 句子：故灵王之臣皆以一饭为节。

昔者楚灵王①好士②细腰。故灵王之③臣皆④以⑤一饭⑥为节，胁息然后带⑦，扶墙然后起。比⑧期年，朝有黧黑⑨之色。

【注释】

①楚灵王：春秋中期楚国国君。②士：大臣。③之：的。④皆：都。⑤以：用，用来。⑥一饭：每天吃一顿饭。⑦带：束带。⑧比：等到，及至。⑨黧（lí）黑：黑中带黄的颜色。

【训练】

1. 解释下列句中加点的词。

（1）楚灵王好士细腰（　　　　　）　　（2）以一饭为节（　　　　　）

（3）胁息然后带　（　　　　　）　　（4）比期年　（　　　　　）

2. 解释下列句中加点的"故"。

（1）无缘无故（　　　）　　（2）故人西辞黄鹤楼　（　　　）

（3）明知故犯（　　　）　　（4）故灵王之臣皆以一饭为节（　　　）

3. 把下列句子翻译成现代汉语。

（1）昔者楚灵王好士细腰。

_____

（2）朝有黧黑之色。

_____

4. 这则寓言故事讽刺了什么？　请联系生活实际谈谈你感受到的道理。

_____
_____

【拓展】

（一）阐发

本文出自《墨子》。墨子（约前 468—前 376 年），名翟，春秋末战国初宋国人，宋国贵族目夷的后代，墨家学派的创始人，思想家、教育家、科学家、军事家。他提出"兼爱""非攻""尚贤""尚同""天志""明鬼""非命""非乐""节葬""节用"等观点。墨子死后，其弟子完成了《墨子》一书并传世。

本文借事寓理，说理透彻。对于位高权重的人物来说，提倡什么、反对什么都须谨慎行事。领导者一定要注意自己的言行，用正确的方法修身养性，否则就会带来严重后果。

（二）应用

好：（1）hào，喜欢。如"昔者楚灵王好士细腰"。又如《五柳先生传》："好读书，不求甚解。"再如《论语·雍也第六》："知之者不如好之者，好之者不如乐之者。"

（2）hǎo，可爱的，貌美的。如《乐府诗集·陌上桑》："秦氏有好女。"

【译文】

从前楚灵王嗜好臣子有纤细的腰身。所以楚灵王的大臣都用每天吃一顿饭作为节制，屏住呼吸然后束紧腰带，扶着墙壁站起来。等到一周年后，朝堂上出现了黑黄的脸色。

65.滥竽充数

【导引】

（一）评析

不一定会吹竽的南郭先生混在几百人的乐队中吹竽，竟然得到齐宣王的赞赏。齐湣王喜欢一个一个地听他们演奏时，南郭处士就逃跑了。本寓言故事比喻没有真才实学的人混在行家里面充数，或是用不好的东西混在好东西里充数。

（二）要点

1. 实词：使、廪、好。

2. 虚词：为、以。

3. 句子：廪食以数百人。

齐宣王①使人吹竽，必三百人。南郭②处士③请为王吹竽，宣王说④之，廪食⑤以数百人。宣王死，湣王⑥立，好一一听之，处士逃。

【注释】

①齐宣王：战国时期齐国的国君，田氏，名辟疆。②南郭：复姓。③处士：古代称有学问、有品德而没有做官的人为处士，相当于"先生"。④说：通"悦"，为……悦。⑤廪食（lǐn sì）：官府供食。廪，粮仓。食，供养，给……吃。⑥湣（mǐn）王：齐国国君，宣王的儿子，在宣王死后继位。田氏，名地。

【训练】

1. 解释下列句中加点的词。

（1）滥竽充数　　（　　　　　）　　（2）为王吹竽　　　　　（　　　　　）

（3）廪食以数百人（　　　　　）　　（4）湣王立，好一一听之（　　　　　）

2. 把下列句子翻译成现代汉语。

（1）南郭处士请为王吹竽。

（2）宣王说之，廪食以数百人。

_____

（3）湣王立，好一一听之，处士逃。

_____

3. 对于"滥竽充数"这个故事的理解，请结合你的生活分角度表达你的感想。

_____

_____

【拓展】

（一）阐发

本文出自《韩非子·内储说上》。

千百年来，"滥竽充数"这个故事一直广为流传。南郭处士的行为与结局告诉人们：弄虚作假是经不住时间考验的，终究会露出马脚。一个人没有真本事，只靠装样子欺蒙人，能够蒙混一阵子，但是总有真相大白、落荒而逃而为世人唾弃的一天。从另外一个角度提醒我们：应该勤学苦练，凭自己的真才实学去获得成功。这个寓言故事后来演化为成语"滥竽充数"，南郭先生也成了滥竽充数者的代名词。

（二）应用

食：（1）吃、吃饭。如《论语·述而》："发愤忘食，乐以忘忧，不知老之将至云尔。"（2）接受、享用。如《史记·晋世家》："不食其禄。"（3）供养、给……吃。如《商君书·农战》："先实公仓，收余以食亲。"（4）通"饲"，饲养、喂养。如《捕蛇者说》："谨食之，时而献焉。"

【译文】

齐宣王让人吹竽，必定要几百人一起吹。南郭处士请求给齐宣王吹竽，齐宣王对此很高兴，官府供食用几百人计。齐宣王死后，湣王继位，湣王喜欢一个一个地听他们演奏，南郭处士逃跑了。

66.工之侨献琴

【导引】

（一）评析

本文主要讲述了工之侨献琴的故事，第一次琴遭到贬抑被退，经过伪装再由贵人献上却得到极高的评价。作者由琴的遭遇而论及人，借工之侨伪造古琴再由贵人进献的机智，讽刺元末不重真才实学而只重虚名的社会风气。

（二）要点

1. 实词：斫、匣、易。

2. 虚词：以、诸、焉、而、其。

3. 句子：悲哉世也！岂独一琴哉？

工之侨①得良桐焉，斫而为琴，弦而鼓②之，金声而玉应③。自以为天下之美④也，献之太常⑤。使⑥国工⑦视之，曰："弗古。"还之。

工之侨以归，谋⑧诸⑨漆工，作断纹焉；又谋诸篆工⑩，作古窾⑪焉。匣⑫而埋诸土，期年⑬出之，抱以适⑭市。贵人⑮过而见之，易之以百金，献诸朝。乐官⑯传视，皆曰："希世之珍也。"

工之侨闻之，叹曰："悲哉世也！岂独一琴哉？莫不然矣！而不早图之，其与亡矣。"遂去，入于宕冥之山，不知其所终。

【注释】

①工之侨：名字叫作侨的技艺工人。②弦而鼓：装上弦弹奏。弦，琴弦，这里作动词用，装上弦。鼓，鼓琴，指弹奏古琴。③金声而玉应：发声和应声如金玉碰撞的声音。④天下之美：天下最好的琴。⑤太常：太常寺，祭祀礼乐的官署。⑥使：让。⑦国工：最优秀的工匠，这里指乐师。⑧谋：谋划。⑨诸：兼词，之于。⑩篆工：刻字的工匠，刻字多用篆体字。⑪古窾（kuǎn）：古代的款式。窾，同"款"，款式。⑫匣：装在匣子里。⑬期（jī）年：第二年；满一年。⑭适：到……去。⑮贵人：大官。⑯乐官：掌管音乐的官吏。

【训练】

1. 解释下列句中加点的词。

（1）工之侨得良桐焉（　　　　　）　（2）斫而为琴　（　　　　　）

（3）金声而玉应　（　　　　　）　（4）易之以百金（　　　　　）

2. 把下列句子翻译成现代汉语。

（1）弦而鼓之，金声而玉应。

_____

（2）工之侨以归，谋诸漆工，作断纹焉。

_____

（3）悲哉世也！岂独一琴哉？

_____

3. 请联系生活实际谈谈这则寓言的寓意。

_____

4. 请你说说工之侨是一个什么样的人。

【拓展】

（一）阐发

这则寓言告诉我们，判定一个事物的好坏应该从本质上进行鉴定，而不应根据外表下结论。只有本质上好的东西，才能满足我们的需求；否则，再华丽的外表也只能作为摆设，起不到任何作用。同时，在实际生活中我们应该学会变通地适应环境，只有这样，才能具备生存的基本条件。

《工之侨献琴》是刘基《郁离子》中的一篇寓言。

刘基（1311—1375），字伯温，谥曰文成，浙江青田人，元末明初军事家、政治家及诗人，通经史、晓天文、精兵法。他以辅佐朱元璋完成帝业而驰名天下，被后人比作诸葛武侯。

《郁离子》不仅集中反映了作为政治家的刘伯温治国安民的主张，也反映了他的人才观、哲学思想、经济思想、文学成就、道德为人及渊博学识。

（二）应用

以：（1）连词，与"而"用法相同。如"抱以适市""梦寐以求"。（2）率领、带着。如"工之侨以归"。

焉：（1）语气词，表示停顿。如"工之侨得良桐焉"。（2）兼词，于此。如《劝学》："积土成山，风雨兴焉；积水成渊，蛟龙生焉。"

【译文】

工之侨得到一块上好的桐木，砍削而制作成一把琴，装上琴弦弹奏琴，发声和应声如金玉之声。他自认为这是天下最好的琴，献琴给太常寺。太常寺让乐师来查看这琴，乐师说："不是古琴。"退还这把琴给工之侨。

工之侨带着琴回家，与漆匠谋划这件事，在琴身上制作断纹；又与刻工谋划这件事，在琴上雕刻古代的款式。用匣子装后埋琴在泥土中，满一年挖出那把琴，抱着它到集市上。有个达官贵人经过而看到了这把琴，用百黄金换了它，把它献到朝廷上。乐官们传递着观赏它，都说："稀世的珍品啊！"

工之侨听闻这种情况，感叹道："这个世道真可悲啊！难道只是一把琴吗？没有什么不是这样的啊！如果不早做打算，大概要和这国家一同灭亡了啊！"就离开了这个地方，至宕冥附近的山，不知道他的终了之所。

工之侨献琴

情愫

67.牛郎织女

【导引】

（一）评析

牛郎织女是中国古代著名的民间爱情故事。"牛郎织女"与"白蛇传""孟姜女哭长城""梁山伯与祝英台"并称中国四大民间传说。牛郎织女的故事最早起源于星辰崇拜，是人们将牵牛星和织女星神化和人格化的产物。后来，牛郎织女这一故事常用来比喻分居两地的夫妻，也泛指一对恋人。

（二）要点

1. 实词：怜、废、役。

2. 虚词：遂、以、故。

3. 句子：役乌鹊为梁以渡，故毛皆脱去。

天河之东有织女，天帝之女也，年年机杼①劳役，织成云锦天衣，容貌不暇整。天帝怜其独处，许嫁河西牵牛郎，嫁后遂废织纴②。天帝怒，责令归河东，许一年一度相会。

涉秋③七日，鹊首无故皆髡④，相传是日河鼓⑤与织女会于汉⑥东，役乌鹊为梁以渡，故毛皆脱去。

【注释】

①机杼（zhù）：织布机。②织纴：织布。③涉秋：入秋。④髡（kūn）：古代刑罚之一，剃掉头发成为秃头。这里指乌鹊头上没有毛。⑤河鼓：星名，即牵牛。⑥汉：天汉，即银河。

【训练】

1. 解释下列句中加点的词。

（1）年年机杼劳役　（　　　　　　　）　　（2）容貌不暇整（　　　　　　　）

（3）许嫁河西牵牛郎（　　　　　　　）　　（4）故毛皆脱去（　　　　　　　）

2. 把下列句子翻译成现代汉语。

（1）年年机杼劳役，织成云锦天衣，容貌不暇整。

（2）涉秋七日，鹊首无故皆髡。

_____

（3）役乌鹊为梁以渡，故毛皆脱去。

_____

3. 织女贵为天帝之女，因婚后废织纴而被天帝惩罚。联系生活实际谈谈你对天帝的看法。

_____

_____

【拓展】

（一）阐发

"牛郎织女"的故事雏形最早见于《诗经》，后经历代流传和加工，最终形成了优美动人的神话故事。

《诗经》是中国第一部诗歌总集，在中国乃至世界文化史上都占有重要地位。《诗经》共收录自西周初年至春秋中叶五百多年的诗歌 305 篇，在内容上共分为风、雅、颂三大类。

（二）应用

许：（1）答应、允许。如《陈情表》："欲苟顺私情，则告诉不许。"又如《廉颇蔺相如列传》："均之二策，宁许以负秦曲。"（2）赞许、赞同。如《愚公移山》："杂然相许。"（3）表示大约的数量。如《小石潭记》："潭中鱼可百许头。"（4）这样、这般。如《观书有感》："问渠那得清如许？为有源头活水来。"（5）处所、地方。如《五柳先生传》："先生不知何许人也。"（6）许配。如《孔雀东南飞》："吾已失恩义，会不相从许。"（7）期盼、许愿。如《书愤》："塞上长城空自许，镜中衰鬓已先斑。"

【注意】

许许。

（三）博观

"谁谓河广，一苇杭之。谁谓宋远，跂予望之。"（语出《诗经·卫风·河广》）

毛诗注疏："谁谓河水广与？一苇加之则可以渡之。（喻狭也。今我之不渡，直自不往耳，非为其广。）谁谓宋国远与？我跂足则可以望见之。（亦喻近也。今我之不往，直以义不往耳，非为其远。"）

孔颖达疏："言一苇者，谓一束也，可以浮之水上而渡，若桴筏然，非一根苇也。"后以"一苇"为小船的代称，以"一苇航"喻航行之轻快。

《毛诗正义》："作《河广》诗者，宋襄公母，本为夫所出而归于卫。及襄公即位，思欲乡宋而不能止，以义不可往，故作《河广》之诗以自止也。

（襄公母）所以义不得往者，以夫人为先君所出，其子承父之重，与祖为一体，母出与庙绝，不可以私反，故义不得也。"

【译文】

天河的东边住着织女，她是天帝的女儿，年年在织布机上劳作，织出云锦般天衣，容貌没有时间整理。天帝怜悯她独自生活的处境，许诺她嫁给天河西边的牵牛郎，织女出嫁后荒废了织布的事务。天帝恼怒，责令她回归到天河东边，只准许他们一年一次相会。

（每年）入秋的第七天，乌鹊的头顶无缘无故地秃去，相传这天牛郎和织女在银河的东岸相会，役使乌鹊做桥梁用来渡牵牛郎过河，所以乌鹊头上的毛都被脱去。

68.嫦娥奔月

【导引】

（一）评析

本文讲述了嫦娥偷吃仙药飞上月宫，从此与丈夫羿天地相隔的故事。嫦娥奔月的神话故事表现了人们渴望团圆、渴望幸福生活的美好情感。

（二）要点

1. 实词：去、继、感念。

2. 虚词：以、遂。

3. 句子：月母感念其诚。

昔者，羿狩猎山中，遇姮娥①于月桂树下。遂以月桂为证，成②天作之合③。

羿请不死之药于西王母，托④与姮娥。逢蒙⑤往而窃⑥之，窃之不成，欲加害姮娥。娥无以为计⑦，吞不死药以升天。然不忍离羿而去，滞留⑧月宫。广寒寂寥⑨，怅然⑩有丧，无以继之，遂催吴刚伐⑪桂，玉兔捣药，欲配飞升之药，重回人间焉。

羿闻娥奔月而去，痛不欲生。月母感念其诚，允⑫娥于月圆之日与羿会于月桂之下。民间有闻其窃窃私语⑬者众焉。

【注释】

①姮娥：嫦娥，本名姮娥，是中国神话人物，后羿之妻。②成：结成。③天作之合：上天安排的结合，此指夫妻关系。④托：托付、交给。⑤逢蒙：夏代善于射箭的人。⑥窃：偷。⑦无以为计：没有用来对付的计策。⑧滞留：停留。⑨寂寥：

寂寞冷清。⑩怅然：不称心的样子。⑪伐：砍。⑫允：允许，答应。⑬窃窃私语：小声讲话。

【训练】

1. 解释下列句中加点的词。

(1) 遂以月桂为证（　　　　　　　）　　(2) 吞不死药以升天（　　　　　　　）

(3) 怅然有丧　　（　　　　　　　）　　(4) 月母感念其诚　（　　　　　　　）

2. 把下列句子翻译成现代汉语。

(1) 遂以月桂为证，成天作之合。

_____

(2) 广寒寂寥，怅然有丧，无以继之。

_____

(3) 民间有闻其窃窃私语者众焉。

_____

3. 请写几个与"月亮"有关的诗句。

_____

_____

【拓展】

（一）阐发

本文选自《淮南子》。嫦娥奔月是中国上古时代的神话传说，中秋节这个中国传统节日便是从嫦娥奔月这则民间传说发展而来的。

（二）应用

感：（1）感动。如《愚公移山》："帝感其诚，命夸娥氏二子负二山。"（2）感触、感慨。如《兰亭集序》："后之览者，亦将有感于斯文。"（3）感叹。如《琵琶行》："感斯人言，是夕始觉有迁谪意。"

【译文】

从前，后羿在山中狩猎，在月桂树下遇到嫦娥，于是以月桂树为证，结成上天安排的夫妻。

后羿从西王母那里请得不死药，托付于嫦娥。逢蒙前往偷窃不死药，偷窃不死药没有成功，想要加害嫦娥。嫦娥没有用来对付的计策，吞下不死药而飞到了天上。然而不忍心离后羿而去，嫦娥滞留在月宫。广寒宫寂寥冷清，嫦娥失意而沮丧，没有什么可以打发日子，于是催促吴刚砍伐桂树，让玉兔捣药，想调配飞升之药，重新回到人间。

后羿听说嫦娥奔月而去，痛不欲生。月母被他们的真诚感动，允许嫦娥在每年月圆之日与后羿在月桂树下相会。民间有听到他们窃窃私语的人很多啊。

69.迁公修屋

【导引】

（一）评析

迁公家富，但性情过于注重俭省，篱笆破败不修，屋瓦碎裂不补，以致夜半下暴雨屋漏如注，家人为避雨而东躲西藏、哭喊叫骂。须知：为节之主，不失其中。甘节，吉。迁公之迁不在目光短浅、缺乏远见，而在过分注重资财，因而忘却了对亲情的关注与对家人的呵护。

（二）要点

1. 实词：修、葺、藏、匿、诟、诘。

2. 虚词：且、自、岂。

3. 句子：适葺治，即不雨，岂不徒耗资财？

有迁氏者，世称迁公，性吝啬。篱败①不修，瓦裂不葺。一日，夜半暴雨，屋漏如注，妻子东藏西匿②，仍半身淋漓。妻且号且诟③，诘曰："吾适④尔，因汝家富，不意乃受此累。汝何以⑤为父？何以为夫？"迁公无奈。旦⑥日，延人治屋。然自后二月，天晴月朗，不见雨兆⑦。迁公叹曰："适葺治，即不雨，岂不徒耗资财？"

【注释】

①败：毁坏、破败。②匿：隐藏、躲藏。③诟：辱骂。④适：女子出嫁。⑤何以：以何，凭什么。⑥旦：天明、早晨。⑦兆：预兆、征兆。

【训练】

1. 解释下列句中加点的词。

（1）瓦裂不葺　　（　　　　　）　　（2）仍半身淋漓（　　　　　　）

（3）不意乃受此累（　　　　　）　　（4）延人治屋　　（　　　　　　）

2. 把下列句子翻译成现代汉语。

（1）世称迁公，性吝啬。篱败不修，瓦裂不葺。

_____

（2）妻子东藏西匿，仍半身淋漓。妻且号且诟。

_____

（3）迁公叹曰："适葺治，即不雨，岂不徒耗资财？"

3.《儒林外史》中的严监生也是一个比较经典的人物,世人大多以"悭吝鬼"称之。请结合本文谈谈你对"吝啬"与"节俭"的理解。

【拓展】

（一）阐发

节,本为"不伤财"的好事,但是,过"节"则令迁公家人不堪其苦。正所谓"苦节不可贞,其道穷也"（语出《周易·节》）。世上的事大略皆如此,本来是好事,过了就不好了。故孔子执中庸之道,慨叹："过犹不及。"

本文节选自明代张夷令的《迁仙别记》。

《迁仙别记》是明代张夷令编撰的一部小笑话集,主人公为迁仙,原书散佚,仅部分还保留在冯梦龙的《古今谈概》中,被编在《专愚部》。

（二）应用

适：（1）到……去。如《石钟山记》："余自齐安舟行适临汝。"（2）女子出嫁。如《孔雀东南飞》："贫贱有此女,始适还家门。"（3）适应、顺从。如《孔雀东南飞》："处分适兄意,那得自任专。"（4）享受。如《赤壁赋》："而吾与子之所共适。"（5）恰好。如《雁荡山》："从上观之,适与地平。"（6）适才、刚才。如《孔雀东南飞》："适得府君书,明日来迎汝。"（7）通"谪",责备、惩罚。如《陈涉世家》："二世元年七月,发闾左适戍渔阳九百人。"（8）通"嫡",旧时称正妻。如《左传·文公十八年》："仲为不道,杀适立庶。"

【译文】

有一个姓迁的人,世人称呼他迁公,性格上过于俭省。篱笆破败不修理,屋瓦碎裂不修补。一天,夜半下暴雨,房屋漏水如同灌入,妻子、孩子东躲西藏,仍然半身被雨浇湿。妻子又是哭喊又是责骂,责问说："我出嫁给你,因为你家富裕,没有料想到竟然遭受这种苦累。你凭什么做父亲呢？凭什么做丈夫呢？"迁公无法应付。第二天早晨,邀请工匠修治房屋。然而从（修治房屋）后的两个月,白日晴空夜月朗照,不见下雨的征兆。迁公叹息说："恰好修葺整治好房屋,立即不下雨了,难道不是白白地耗费钱财吗？"

日积月累（9）

判断文言实词与虚词用法和意义的几种基本方法

要快捷、准确地理解文言实词、虚词在句子中的用法和意义，需要读者在平时加强朗读、背诵以培养文言文语感，探寻规律，掌握一定的判断技巧。

一、根据文句语境判断

文言文阅读离不开具体的语境，常见的实词与虚词大多有多种用法，词性、词义变化较为复杂，要确定其具体意义和用法，必须结合上下文的语言环境，利用文意解题。

例如："怀王以不知忠臣之分，故内惑于郑袖。""故"可译为"所以"，推断前后句意为因果关系，"以"应译为表原因的"因为"。

二、借助对仗结构判断

文言文的行文很讲究对称，处于对应位置的词语往往在意义上相同、相近或相反、相对。我们可以利用这种对应关系来推定二者中较难的一个实词、虚词在句子中的用法和意义。

例如：①奉之弥繁，侵之愈急；②通五经，贯六艺；③栗深林兮惊层巅；④惠文、武、昭襄蒙故业，因遗策；⑤时浓雾半作半止。

三、运用成语联想判断

成语就其来源看，是古汉语遗留在现代汉语中的"活化石"，其中的字词的意义和用法较多地保留了古汉语的特点。因此，其中许多实词、虚词的含义与用法和文言文中的完全相同。根据这一特点，利用自己熟悉的成语加以印证，判断一些文言实词、虚词的含义与用法，也是一种行之有效的好办法。

例如：对下列句子中加点的词的解释，不正确的一项是（　　）。

A. 而考亭先生尝病其俗　　病：批评　　B. 深叹其能矫然拔俗也　　拔：拔除

C. 远绍绝学，流风未远　　绍：继承　　D. 不又加于古人一等乎　　加：超过

又如："急急乎唯进修是求"一句中"是"的意义和用法，就可根据我们熟悉的成语"唯命是从""唯利是图"来推断，应是助词，是宾语前置的标志。

再如："善战者因其势而利导之"，可用"因势利导""因地制宜"等成语来推断，这里的"因"是介词"依照、根据"之意。

四、词性界定法判断

有些文言虚词有多种词性，根据上、下文的语境，只要能推断出其词性不一样，

那么其用法肯定也不同。

例如："吾将以身死白之""险以远,则至者少"。前句"以"用在名词"身"前,又处在动词"死"前,可以推断"以"应该是介词,与"身"组成介宾短语,作"死"的状语;后句中"以"用在"险"和"远"两个形容词中间,应该是表示并列的连词,所以两句用法不同。

还可以根据词语在文言句子中的位置来判断它的词性,根据词性进而判断它的实词词义。例如:①据殽函之固,拥雍州之地;②戴朱缨宝饰之帽,腰白玉之环。

五、句式标志法判断

有些文言虚词是构成文言特殊句式的标志,如能牢记课文中出现过的这些有代表性的词,有助于快速解题。

文言句式有两大类——特殊句式和固定句式,其中特殊句式除较易识别的判断句、被动句外,重点是倒装句。

例如:主谓倒装"……矣,……"(如"甚矣,汝之不惠")、定语后置"……之……者"(如"马之千里者,一食或尽粟一石")、状语后置"……以……"(如"覆之以掌")等。

再如:固定句式"不亦……乎"(如"学而时习之,不亦说乎")、"无以……"(如"军中无以为乐")、"何……为"(如"多多益善,何为为我禽")、"所以……"("师者,所以传道受业解惑也")和"如……何""若……何""奈……何"("如太行、王屋何?")。

六、代入筛选法判断

如果我们熟记某个虚词的基本用法和意义,在阅读和解题时,就可将它的每个用法代入句子,挑选其中讲得通的一项,从而获得正确的答案。

以"而"为例,其主要用法有:连词,译为"又""而且""就""却""如果""因而";代词,译为"你""你的";动词,译为"好像"等。

若要在①"蟹六跪而二螯,非蛇鳝之穴无可寄托者"、②"置之地,拔剑撞而破之"、③"青,取之于蓝,而青于蓝"、④"诸君而有意,瞻予马首可也"、⑤"君子博学而日参省乎己"、⑥"某所,而母立于兹"中找出与其他各句用法不同的句子,在一一代入进行理解和筛选后,就不难确定答案应为作代词"你的"解释的⑥了。

七、语法分析法判断

根据汉语语法知识,主语、宾语大多由名词、代词、形容词充当;谓语大多由形容词、动词充当;定语由名词、代词、形容词充当;状语由副词充当。根据词在句子中的语法地位来判断它的词性,进而判断它的词义。

很多文言虚词在句子结构中有着特殊的语法功能,因而,可以根据语法知识鉴别它的用法，从而找到突破口，据此判断出该虚词的意义和用法。

例如：判别下列各句中"之"字的意义和用法。

①"吾妻之美我者，私我也"。

②"久之，能以足音辨人"。

③"夫晋，何厌之有"。

④"均之二策"。

分析：

①中"吾妻"是主语，"美"是形容词的意动用法，作谓语，"我"是宾语。由此可确定"之"介于主谓间，取消句子独立性。

②中"久"是时间副词，充当句首状语，因此紧随其后的"之"可有可无，起调整音节的作用，是音节助词，无义，不译。

③中"晋"是主语，"有"是谓语动词。可知本句是宾语前置句，"之"起提宾作用。

④中"均"是动词，作"权衡"解，"二策"是名词，由此断定"之"与"二策"一起为"均"的宾语，作代词"这样"解。

八、句位分析法判断

一些虚词在句中的位置不同，所起的作用也就不同。

例如：其。

其在句首，一般是语气副词，表揣测，相当于"恐怕""或许""大概""可能"，如"圣人之所以为圣，愚人之所以为愚，其皆出于此乎？"；在句中，位于动词后一般是代词，如"秦王恐其（代荆轲）破璧"，位于名（代）词后一般是语气副词，如"尔其（一定）无忘乃父之志""吾其（还是）还也"。

又如：焉。

焉在句首，如"焉有仁人在位，罔民而可为也"，哪里；在句中，如"杀鸡焉用牛刀"，何必；在句末，如"以俟夫观人风者得焉"，代词，相当于"之"。尤其需注意，在句末动词后，有时是兼词，表示"于此"，如"风雨兴焉"；在句末形容词后，为形容词词尾，表示"……的样子"，如"盘盘焉，囷囷焉"。

九、课文迁移法判断

有一些实词解释，其实课文中已经出现过，可联系学过的课文相应迁移。

例如：徐至庭前。可联系《赤壁赋》："清风徐来，水波不兴。"

又如：并请文人历叙其事，洵奇男子也。可联系《诗经·邶风·静女》："洵美且异。"

认知

70.惊弓之鸟

【导引】

（一）评析

本文讲述了更赢在魏王面前拉弓不射中鸟却使鸟掉下来，引发魏王好奇并与更赢深入交流的故事。后来"惊弓之鸟"演化为成语，形容先前多次受过惊吓的人，忽然遇到同样可怕的事物，就吓得魂飞魄散，惊惶失措，不知如何去应付。

（二）要点

1. 实词：引、射。

2. 虚词：而、也。

3. 句子：然则射可至此乎？

异日①者，更赢②与魏王处京台③之下，仰见飞鸟，更赢谓④魏王曰："臣为王引弓虚发⑤而下⑥鸟。"魏王曰："然则⑦射可至此乎？"更赢曰："可。"

有间⑧，雁从东方来，更赢以⑨虚发而下之。魏王曰："然则射可至此乎？"更赢曰："此孽⑩也。"王曰："先生何以知之？"对曰："其飞徐而鸣悲。飞徐者，故⑪疮痛也；鸣悲者，久失群也，故疮未息⑫而惊心未去⑬也。闻弦音引⑭而高飞，故疮陨⑮也。"

【注释】

①异日：往日，从前。②更赢（gēng léi）：战国时的名射手。③京台：高台。④谓：告诉，对……说。⑤虚发：不射中目标，如"箭无虚发"。虚，与"实"相对，空。⑥下：使……落下。⑦然则：既然这样，那么……⑧有间：间歇、片刻。⑨以：凭借，用。⑩孽：通"蘖"，被砍下或倒下的树木再生的枝芽。这里指带病而飞的孤雁。⑪故：旧的，原先的。⑫息：痊愈。⑬去：消除。⑭引：伸展。⑮陨：从高处坠落。

【训练】

1. 解释下列句中加点的词。

（1）更赢与魏王处京台之下（　　　　　）　　（2）臣为王引弓虚发而下鸟（　　　　　　）

（3）先生何以知之　　　　　（　　　　　）　　（4）其飞徐而鸣悲　　　　　　（　　　　　　）

2. 把下列句子翻译成现代汉语。

（1）臣为王引弓虚发而下鸟。

_____

（2）雁从东方来，更赢以虚发而下之。

_____

（3）鸣悲者，久失群也，故疮未息而惊心未去也。

_____

3. 文中的更赢是一个什么样的人？请分角度表述。

_____

_____

【拓展】

（一）阐发

"惊弓之鸟"这个成语的本义是被弓箭惊吓过的鸟内心不安，后比喻经过惊吓的人碰到一点儿动静就非常害怕。还启示我们做人做事要光明磊落、品行端正，方能心安理得、问心无愧。另外，更赢能有拉弓不射中鸟却使鸟掉下来的本领，也表明他熟知生活常理、深悟其道。

本文出自《战国策》。

（二）应用

然则：既然这样，那么……。如《岳阳楼记》："是进亦忧，退亦忧。然则何时而乐耶？"

异日：（1）往日，从前。如《管子•山权数》："国谷之重什倍异日。"（2）来日、以后。如《望海潮•东南形胜》："异日图将好景，归去凤池夸。"又如《黄生借书说》："曰'姑俟异日观'云尔。"

有：（1）附着在动词、名词、形容词前，相当于词缀，无实际意义。如《诗经•小雅•六月》："有严有翼，共武之服。"又如《尚书•泰誓》："我伐用张，于汤有光。"（2）如果、假如。如《得道多助，失道寡助》："故君子有不战，战必胜矣。"

【译文】

从前，更赢与魏王处在高大的台下，抬头望见飞鸟，更赢告诉魏王说："我替大王拉弓不射中鸟却使鸟掉下来。"魏王说："既然这样，那么射技可以达到如此境界吗？"更赢说："可以。"

间歇之后，大雁从东方飞来，更赢凭借虚发之射技使大雁掉了下来。魏王说："射技可以达到如此境界啊！"更赢说："这是一只带病而飞的孤雁。"魏王说："先生凭什么知道它是一只有伤的鸟呢？"更赢回答说："它飞翔很缓慢，而且鸣声悲凉。飞得缓慢的原因，原先的疮疼痛啊；鸣声悲凉的原因，长久失群啊，原来的疮口没有痊愈且惊恐的心理没有消除啊。听闻弓弦的声响，伸展翅膀向高处飞，旧伤发作而跌落下来啊。"

71.北人食菱

【导引】

（一）评析

北人生而不识菱,在南方的酒筵上连壳吃菱。有人问："北方也有这种东西吗？"他说："前山后山，何地不有？"北人闹出笑话，犯了"强不知以为知"的错。

（二）要点

1. 实词：仕、啖、护。

2. 虚词：而、于、以。

3. 句子：我非不知，并壳者，欲以去热也。

北人①生而不识菱②者,仕于南方,席③上啖菱,并壳入口。或曰："食菱须去④壳。"其人自护⑤其短，曰："我非不知，并壳者，欲⑥以去热也。"问者曰："北土亦有此物否？"答曰："前山后山，何地不有？"

夫菱生于水而⑦曰土产，此坐⑧强⑨不知以为知也。

【注释】

①北人：北方人。②菱：俗称菱角，形状像牛头，紫红色，水生植物，果实可以吃。性喜温暖和充足的阳光，盛产于我国中部和南部。果实有硬壳。③席：酒筵。④去：去除，去掉。⑤护：袒护、庇护。⑥欲：想要。⑦而：可是、却。⑧坐：犯……罪或错误。⑨强（qiǎng）：竭力、尽力。

【训练】

1. 解释下列句中加点的词。

（1）北人生而不识菱者　　（　　　　　）　（2）并壳入口　　（　　　　　）

（3）或曰："食菱须去壳。"（　　　　　）　（4）欲以去热也。（　　　　　）

2. 把下列句子翻译成现代汉语。

（1）北人生而不识菱者，仕于南方，席上啖菱。

（2）或曰："食菱须去壳。"其人自护其短。

_____

（3）夫菱生于水而曰土产，此坐强不知以为知也。

_____

3. 每个人的认知都具有一定的局限性。文中北人生而不识菱却"强不知以为知"。日常生活中也不乏这类现象，请探究其中的原因并谈谈你的看法。

_____

_____

【拓展】

（一）阐发

每个人的认知都具有一定的局限性，如果"强不知以为知"，就会闹出笑话，被人耻笑。

世界上的知识是无穷无尽的，正如古人所云"知之为知之，不知为不知，是知也"，在真知面前我们应持谨慎的态度并虚己应物。

（二）应用

生：（1）草木生长。如《观沧海》："树木丛生，百草丰茂。"（2）出生、生育。如《陈情表》："生孩六月，慈父见背。"（3）产生、发生。《劝学》："积水成渊，蛟龙生焉。"（4）生存、活着。如《班超告老归国》："丐超余年，一得生还。"（5）使……活。如《左传·襄公二十二年》："吾见申叔。夫子，所谓生死而肉骨也。"（6）生命。如《鱼我所欲也》："生，亦我所欲也。"（7）生计、生活。如《捕蛇者说》："而乡邻之生日蹙。"（8）生的，与"熟的"相对。如《鸿门宴》："则与一生彘肩。"（9）对读书人的称呼。如《送东阳马生序》："今诸生学于太学，县官日有廪稍之供。"（10）天性、禀赋。如《劝学》："君子生非异也，善假于物也。"

【译文】

北方有个天性不认识菱的人，在南方做官，酒席上吃菱角，他一并带壳吃入嘴里。有的人说："吃菱必须去掉菱壳。"那人自己袒护着他的短处（对菱的不认知），说："我并不是不知道，一并带壳的原因，想要用菱壳祛除内热。"问的人说："北方的大地上也有这种物产吗？"他回答说："前面的山后面的山，哪里的地上没有呢？"

要知道菱角在水中生长但是称呼为土产，这是犯了强硬地把自己不知道的说成是知道的错。

72.宋人掘井

【导引】

（一）评析

宋国丁氏家凿井后就相当于获得了一个人的劳力，有听闻且好传言的人就说："丁氏家凿井时得到了一个人。"国人的谈论也传到了宋君那里。宋君派人到丁氏家询问才明晓其中的原委。

类似文中这样的事在现实生活中也是时有发生的。面对传闻甚至流言蜚语，切不可轻易相信，更不可没有实地调查就凭听闻而以讹传讹。

（二）要点

1. 实词：溉汲、居、穿。

2. 虚词：之、而、于。

3. 句子：宋君令人问之于丁氏。

宋①之丁氏家无井，而出溉汲②，常一人居外。及其家穿③井，告人曰："吾穿井得一人。"

有闻而传④之者曰："丁氏穿井得一人。"国人道之，闻之于宋君。宋君令人问之于丁氏。丁氏对⑤曰："得一人之使⑥，非得一人于井中也。"

【注释】

①宋：春秋时宋国。②溉汲：洗涤、取水。③穿：穿凿、开凿。④传：传言。⑤对：对答、回答。⑥使：使唤之力、劳力。

【训练】

1. 解释下列句中加点的词。

（1）而出溉汲　　（　　　　　　　）　（2）及其家穿井（　　　　　　　）

（3）有闻而传之者（　　　　　　　）　（4）国人道之。（　　　　　　　）

2. 写出下列句中加点的"之"字的意义和用法。

（1）宋之丁氏家无井　　_____

（2）有闻而传之者　　_____

（3）闻之于宋君　　_____

（4）宋君令人问之于丁氏　　_____

3. 把下列句子翻译成现代汉语。

（1）宋之丁氏家无井，而出溉汲，常一人居外。

_____

（2）国人道之，闻之于宋君。

_____

（3）丁氏对曰："得一人之使，非得一人于井中也。"

_____

4. 这篇文章中出现了丁氏、有闻而传之者、宋君三人。请结合短文内容谈谈你对这三人行事方法的看法。

_____

_____

【拓展】

（一）阐发

本文出自《吕氏春秋》。大家都知道"三人成虎"的故事吧。以讹传讹的舆论往往会产生极大的负面作用，甚至会造成众口铄金，积毁销骨的后果。这个故事的寓意还在于启示我们应保持这样一种生活态度：理智对待周围的一切信息。

（二）应用

居：（1）坐。如《核舟记》："佛印居右，鲁直居左。"（2）位居、位于、处在。如《廉颇蔺相如列传》："而蔺相如徒以口舌为劳而位居我上。"（3）居住、使……居住。如《愚公移山》："面山而居。"又如《越妇言》："买臣之贵也，不忍其去妻，筑室以居之。"（4）住地、住所。如《治平篇》："一人之居以供十人已不足，何况供百人乎？"（5）停止、停留。如《柳毅传》："客当居此以伺焉。"又如《登泰山记》："而半山居雾若带然。"（6）积蓄、储存。如《叔向贺贫》："略则行志，假货居贿。"又如《促织》："市中游侠儿得佳者笼养之，昂其直，居为奇货。"（7）用于"有顷""久之""顷之"等前面，表示相隔一段时间，意义较虚。如《冯谖客孟尝君》："居有顷，倚柱弹其剑。"（居有顷：过了不久）

【译文】

宋国丁氏家没有井，因而出门洗涤、取水，常常有一个人力处在外面。等到他家凿井后，丁氏告诉他人说："我家凿井后就获得了一个人的劳力。"

有听闻且好传言的人说："丁氏家凿井时得到了一个人。"国人都在谈论这件事，传闻到了宋君那里。宋君派遣人到丁氏家询问这件事。丁氏家回答说："我家凿井后就获得一个人的使唤之力，并非从井里得到一个人啊。"

73.狐假虎威

【导引】

（一）评析

"狐假虎威"是说狐狸假借老虎的威势吓退百兽的故事。后人常用"狐假虎威"比喻倚仗别人的权势来欺压、恐吓人；又用来嘲讽那些被人利用而不自知的昏庸之徒。

（二）要点

1. 实词：假、长、走。

2. 虚词：为、之、而。

3. 句子：观百兽之见我而敢不走乎？

虎求①百兽而食之，得狐。狐曰："子无敢②食我也！天帝使我长③百兽，今子食我，是逆天帝命④也。子以我为不信，吾为子先行，子随我后，观百兽之⑤见我而⑥敢不走乎？"虎以为然⑦，故遂⑧与之行。兽见之皆走⑨。虎不知兽畏己而走也，以为畏狐也。

【注释】

①求：寻求，寻找。②无敢：不敢。③长（zhǎng）：担任首领。这里用作动词。④命：命令、意志。⑤之：结构助词，主谓之间取消句子独立性，不译。⑥而：可是、但是。⑦然：对的、正确的。⑧遂：于是，就。⑨走：跑。

【辨析】

"行"与"走"。现代的"走"古代称"行"，现代的"跑"古代称"走"。

【训练】

1. 解释下列句中加点的词。

（1）虎求百兽而食之（　　　　　）　　（2）是逆天帝命也（　　　　　　）

（3）兽见之皆走　（　　　　　）　　（4）以为畏狐也　（　　　　　　）

2. 下面句中的词意思相同的一组是（　　　）。

A. 实：①其实畏王之甲兵也；②叶徒相似，其实味不同

B. 故：①故北方之畏昭奚恤也；②公问其故

C. 食：①今子食我；②谨食之，时而献焉

D. 方：①今王之地方五千里；②方七百里，高万仞

3. 把下列句子翻译成现代汉语。

（1）观百兽之见我而敢不走乎？

（2）虎不知兽畏己而走也，以为畏狐也。

4. 请你联系生活实际，分析狐狸或老虎的形象。

【拓展】

（一）阐发

这个故事说明一切狡猾、奸诈的人，总是喜欢吹牛皮、说谎话，借外力能逞雄一时，而其本质却是虚弱不堪的。凡是借着权威的势力欺压别人，或借着职务上的权力作威作福的，都可以用"狐假虎威"来形容。

本文出自西汉刘向的《战国策》。

（二）应用

以为：（1）认为。如"虎以为然"。（2）"以……为"的省略形式,让……做、把……作为。如"子以我为不信"。

【译文】

老虎寻找各种野兽来吃它们，抓到一只狐狸。狐狸说："您不敢吃我的！天帝派遣我掌管百兽，现在您吃了我，这（是）忤逆天帝的命令啊。您把我当作不实诚的，我替您先行，您跟随在我后面，看看群兽见了我却敢不逃跑的吗？"老虎认为狐狸的话是对的，所以就和狐狸同行。群兽见到老虎都逃跑。老虎不知道的是群兽害怕自己而逃跑，还以为是群兽害怕狐狸呢。

74.共工怒触不周山

【导引】

（一）评析

"共工怒触不周山"是一个著名的上古神话传说。共工，又称共工氏，是中国古代神话中的水神,掌控洪水。在我国古书《淮南子》中记载,传说共工素与颛顼不合,发生惊天动地的大战，最后以共工失败而愤怒地撞上不周山而告终。

（二）要点

1. 实词：触、折、归。

2. 虚词：而、焉、故。

3. 句子：故水潦尘埃归焉。

昔者①，共工与颛顼争②为帝，怒而触③不周之山。天柱折，地维④绝。天倾⑤西北，故⑥日月星辰移焉⑦；地不满东南，故水潦⑧尘埃⑨归焉。

【注释】

①昔者：从前。②争：争夺。③触：碰、撞。④维：绳子。⑤倾：倾斜。⑥故：于是。⑦焉：兼词，相当于"于之"，文中译为"在这，在这里"。⑧潦（lǎo）：积水。⑨尘埃：尘土、泥沙。

【训练】

1. 解释下列句中加点的词。

（1）争为帝　　　（　　　　　）　　（2）天柱折　　　（　　　　　　）

（3）故日月星辰移焉（　　　　　）　　（4）故水潦尘埃归焉（　　　　　）

2. 把下列句子翻译成现代汉语。

（1）共工与颛顼争为帝，怒而触不周之山。

_____

（2）天倾西北，故日月星辰移焉。

_____

（3）故水潦尘埃归焉。

_____

3. 阅读《淮南子》，说说你对"天下奇才"刘安的评述。

_____

_____

【拓展】

（一）阐发

"共工触山"与"女娲补天""后羿射日""嫦娥奔月"并称中国古代著名的四大神话。

《淮南子》又名《淮南鸿烈》《刘安子》，是西汉皇族淮南王刘安及其门客集体编写的一部哲学著作，属于杂家作品。

（二）应用

触：（1）顶、撞。如《五蠹》："兔走触株，折颈而死。"（2）接触，触及。如《庖丁解牛》："手之所触，肩之所倚。"（3）触犯，冒犯。如《捕蛇者说》："触风雨，犯寒暑。"

【译文】

从前，共工与颛顼争夺担任部落首领，（共工）恼怒并碰撞不周山，擎苍天的柱子被折断，系大地的绳索被折断。天倾斜在西北方向，所以日月星辰都飘移在西北这里了；大地在东南角也凹陷了，所以江河、积水、尘土、泥沙都归流在东南方向这里了。

75.指鹿为马

【导引】

（一）评析

丞相赵高野心勃勃，日夜盘算着要篡夺皇位，于是设计了一个故意把鹿当作马的圈套。后人根据这个故事概括出成语"指鹿为马"，用来比喻故意颠倒黑白，混淆是非；也常指一些歪曲事实的行为，或指那些为了自己的一己私利歪曲事实、颠倒黑白的人。

（二）要点

1. 实词：欲、设、畏。

2. 虚词：乃、于、因。

3. 句子：高因阴中诸言鹿者以法。

赵高①欲为乱②，恐群臣不听③，乃先设验④，持鹿献于二世⑤，曰："马也。"二世笑曰："丞相误⑥邪？谓鹿为马。"问左右⑦，左右或默，或言马以阿顺⑧赵高。或言鹿，高因⑨阴中⑩诸言鹿者以⑪法。后群臣皆畏高。

【注释】

①赵高：秦宦官，秦始皇死后任中丞相，专权，后为子婴所杀。②乱：叛乱，此处指篡夺秦朝的政权。③听：听从。④验：验证、试探。⑤二世：指秦二世皇帝胡亥。⑥误：错误。⑦左右：身边的人。⑧阿顺：阿谀奉承。⑨因：于是，就。⑩中：中伤。⑪以：按照。

【训练】

1. 解释下列句中加点的词。

（1）赵高欲为乱（   ）   （2）持鹿献于二世   （   ）

（3）左右或默   （   ）   （4）或言马以阿顺赵高（   ）

2. 把下列句子翻译成现代汉语。

（1）乃先设验，持鹿献于二世。

（2）问左右，左右或默，或言马以阿顺赵高。

_____

（3）高因阴中诸言鹿者以法。

_____

3. 在我们的日常生活中，也时常有"指鹿为马"的事情发生。说说你对"指鹿为马"的理解。

_____

_____

【拓展】

（一）阐发

本文出自司马迁的《史记》。

司马迁，字子长，西汉史学家、文学家、思想家，被后人尊称为"史圣"。他最大的贡献是撰写了中国第一部纪传体通史《史记》。

《史记》位列"二十五史"之首，记载了上自上古传说中的黄帝时代，下至汉武帝太史元年间共3000多年的历史、政治、军事、经济、文化等。

《史记》与《汉书》（班固）、《后汉书》（范晔、司马彪）、《三国志》（陈寿）合称"前四史"，被鲁迅誉为"史家之绝唱，无韵之《离骚》"。

（二）应用

以法：以法处之，按照法律处置它们。如《曹刿论战》："公曰：'小大之狱，虽不能察，必以情。'"此处的"必以情"是省略句，可根据上文内容处理为"必以情断之"，可翻译为："大大小小的案件，即使不能一一明察，也一定能根据实情判断它们。"

（三）博观

淳熙中，张说①颇用事，为都承旨②。一日，奏欲置酒延众侍从。上许之，且曰："当致酒肴为汝助。"说拜谢，退而约客，客至期毕集，独兵部侍郎陈良祐不至，说殊不平。已而，中使以上樽珍膳至，说为表谢，因附奏："臣尝奉旨而后敢集客，陈良祐独不至，是违圣意也。"既奏，上忽顾小黄门言："张说会未散否？"对曰："彼既取旨召客，当必卜夜。"乃命再赐。说大喜，复附奏："臣再三速良祐，迄不肯来。"夜漏将止，忽报中批陈良祐除谏议大夫。坐客方尽欢，闻之，怃然③而罢。（出自周密《齐东野语》）

注释：

①张说（yuè）：人名。②都承旨：官名。③怃然：怅然失意的样子。

【译文】

赵高想要叛乱，恐怕众大臣不听从，于是就预先设计验证的方法。（赵高）带着鹿献给二世，说："（这是）马啊。"二世笑着说："丞相错了吧？对着鹿说是马。"问身边的大臣，身边的大臣有的沉默，有的说是马用来阿谀奉承赵高。有的说是鹿的人，赵高于是就在暗地里中伤各位说是鹿的人并借用法律（处理他们）。后来众大臣都畏惧赵高。

指鹿为马

附录

《文言悦读通》之引经据典集录

1."沧浪之水清兮，可以濯我缨。沧浪之水浊兮，可以濯我足。"（语出《楚辞·渔父》）嬉戏之水何尝不是沧浪之水？有人因大醉而濯其足，有人为守品行而投囊金之袋于其中。这里的"客"与王华又何尝不是代表了两种不同的生活态度？有人或为金而醉而号，或为金而喜，有人因其智而"投"金于水，因其诚而"坐守"，更因其人品而"却不受"。（见于《王华还金》）

2.《彖》曰："蒙以养正，圣功也。"（语出《周易·蒙》）启蒙用来教化人的正直品格，这是圣人的功德啊。古人认为"建国君民，教学为先"，教养弟子除去蒙昧，使其正直，故曰"圣功"。（见于《陈太丘与友期》）

3."故近朱者赤，近墨者黑；声和则响清，形正则影直。"（语出晋·傅玄《太子少傅箴》）与什么样的人相处常常会影响到自己的处世态度。可见在我们的人生发展过程中，与什么样的朋友交往是需要谨慎考虑的。"蓬生麻中，不扶自直；白沙在涅，与之俱黑。"（语出《荀子·劝学》）人文环境对个人的成长及品格的养成至关重要。（见于《芝兰之室》）

4."《彖》曰：山下有险，险而止。'蒙亨'，以亨行时中也。"（语出《周易·蒙》）大意为：山下有险之象，遇险而止。蒙昧而亨通，因为亨行于合适的时机。（见于《孟母三迁》）

5.匡衡的成材几乎没有任何背景，一是靠寒窗苦读，二是获得了同乡大户人家的有力资助。

《周易·序卦》说："物生必蒙，故受之以蒙。蒙者，蒙也，物之稚也。物稚不可不养也，故受之以需。"意指万物刚生下来必定都是蒙昧的，蒙就是蒙昧，亦即万物在稚小的时候不可以不养育。

后来匡衡凭借对《诗经》的深刻理解得到世人的推重而闻名于世。汉元帝非常喜爱儒学，尤好《诗经》，他曾多次召匡衡至御书房讲解，对匡衡的学问赞赏有加。匡衡因此一路青云直上，做到了丞相的高官，可谓位极人臣。（见于《凿壁借光》）

6. 节俭不仅是个人生活简朴的一种态度，也是以勤俭自持养成高尚品德的一种途径。"《象》曰：'节亨。'"（语出《周易•节》）意为有所节制而得亨通。可见，节俭可养成良好生活习惯且通达人生。在如今这个高消费的时代，重温先贤有关勤俭节约的教诲，很有现实意义。（见于《由俭入奢易，由奢入俭难》）

7. 中华文化强调"民惟邦本""天人合一"（语出《尚书•五子之歌》）、"和而不同"（语出《论语•子路》）；强调"天行健，君子以自强不息"（语出《周易•乾》）、"大道之行也，天下为公"（语出《礼记》）；强调"天下兴亡，匹夫有责"（语出《日知录•正始》）；主张以德治国、以文化人；强调"君子喻于义""君子坦荡荡""君子义以为质"；强调"言必信，行必果""人而无信，不知其可也"；强调"德不孤，必有邻"（语出《论语》）、"仁者爱人"（语出《孟子•离娄下》）、"与人为善""己所不欲，勿施于人""出入相友，守望相助"（语出《孟子•滕文公上》）、"老吾老，以及人之老；幼吾幼，以及人之幼"（语出《孟子•梁惠王上》）、"不患寡而患不均"（语出《季氏将伐颛臾》）等。像这样的思想和理念，不论过去还是现在，都有其鲜明的民族特色，有其永不褪色的时代价值。（见于《仁者爱人》）

8. "信言不美，美言不信。"（语出《老子•德经•第八十一章》）意为真实可信的话不漂亮，漂亮的话不真实。

"天地有大美而不言。"（语出《庄子•知北游》）万物形态最高的美源于自然，自然是美的源泉。如果想寻求它，得有脱俗于世、超越自我的精神境界。这样才能体会到"大美"，才能做到"不言"而心中自乐。（见于《阳子之宋》）

9. 画竹必在心中有竹子的完整形象，犹如园林设计者"胸中有丘壑"（语出唐•厉鹗《大有诗堂》）。（见于《胸有成竹》）

10. 《老子•第五十八章》："祸兮福之所倚，福兮祸之所伏。"意思是祸与福互相依存，可以互相转化。比喻坏事可以引出好的结果，好事也可以引出坏的结果。

《后汉书•冯异传》："始虽垂翅回溪，终能奋翼黾池，可谓失之东隅，收之桑榆。"原指早晨丢失了，傍晚得到了。比喻开始的时候遭到损失，之后又得到了补偿。

"塞翁失马"出自西汉刘安的《淮南子•人间》，后演变为一个成语。（见于《塞翁失马》）

11. "《象》曰：山下出泉，蒙。君子以果行育德。"（语出《周易•蒙》）其大意为《象传》说：山下流动着泉水，就如蒙昧渐渐开启。君子就要以果决之行来培养美德。（见于《程门立雪》）

12. 其实，语言表达有神韵的背后是用词准确，由"数"改为"一"，体现出准确的力量，就如毕飞宇所说：准确是美的，它可以唤起审美。

当然，句子更具有表达力的背后是细节。因此，也可以如是说：细节是美的，细节可以呈现直观。（见于《一字之师》）

13. 俞伯牙、钟子期相传为春秋时期人，关于他们二人成为知音的传说，《列子》《吕氏春秋》等古书均有记载，也流传于民间。古诗中也常有提及，如"借问人间愁寂意，伯牙弦绝已无声""高山流水琴三弄，明月清风酒一樽""钟期久已没，世上无知音"。（见于《伯牙绝弦》）

14. 累积咏雪名句（见于《咏雪》）：
北国风光，千里冰封，万里雪飘。（毛泽东）
欲渡黄河冰塞川，将登太行雪满天。（李白）
窗含西岭千秋雪，门泊东吴万里船。（杜甫）
忽如一夜春风来，千树万树梨花开。（岑参）

15. 晋代诗人陶渊明在诗中写道，"精卫衔微木，将以填沧海"，热烈赞扬了精卫敢于向大海抗争的悲壮气概。后世人们也常常以"精卫填海"比喻志士仁人所从事的艰巨卓越的事业。（见于《精卫填海》）

16. 子曰："无欲速，无见小利。欲速则不达，见小利则大事不成。"（语出《论语·子路》）子夏做了莒父的县长，问政治。孔子道："不要图快，不要顾小利。图快，反而不能达到目的；顾小利，就办不成大事。"（见于《揠苗助长》）

17. "谁谓河广，一苇杭之。谁谓宋远，跂予望之。"（语出《诗经·卫风·河广》）

毛诗注疏："谁谓河水广与？一苇加之则可以渡之。（喻狭也。今我之不渡，直自不往耳，非为其广。）谁谓宋国远与？我跂足则可以望见之。（亦喻近也。今我之不往，直以义不往耳，非为其远。）"

孔颖达疏："言一苇者，谓一束也，可以浮之水上而渡，若桴筏然，非一根苇也。"后以"一苇"为小船的代称，以"一苇航"喻航行之轻快。

毛诗正义："作《河广》诗者，宋襄公母，本为夫所出而归于卫。及襄公即位，思欲乡宋而不能止，以义不可往，故作《河广》之诗以自止也。"

（襄公母）所以义不得往者，以夫人为先君所出，其子承父之重，与祖为一体，母出与庙绝，不可以私反，故义不得也。"（见于《牛郎织女》）

18. 节，本为"不伤财"的好事，但是，过"节"则令迁公家人不堪其苦。正所谓"苦节不可贞,其道穷也"(语出《周易·节》)。世上的事大略皆如此,本来是好事,过了就不好了。故孔子执中庸之道,慨叹:"过犹不及。"(见于《迂公修屋》)

梁溪一苇谨集录于致远堂书斋

壬寅年八月十五夜

后记

履道坦坦，幽人负吉

编著缘起：

我国古代留下了浩如烟海的典籍，其中的精华是培育民族精神和时代精神的文化基础。激活经典，熔古铸今，是增强文化自觉和文化自信的重要途径。

《文言悦读通》萃取文言经典文本之精华加以解读，有文本评析阐发，有训练要点钩陈，辅以通顺的译文，旨在搭建传统典籍与小学中高段及初中学生、教师及其他读者之间的桥梁，激活中华优秀传统文化的价值，用优秀传统文化滋养当代国人的精神世界，进而提振当代国人的文化自信。

文化是民族的血脉，是人民的精神家园。近年来，国家从战略层面对中华优秀传统文化的传承发展工作有过多次部署。学术界也在潜心研究，钩沉发覆、辨伪存真、提炼精华。本书在汲取已有成果的基础上，力求成为兼具思想性、学术性和大众性的更有文化味的文言阅读训练实用手册，成为广泛认同、传之久远的范本。

内容提要：

《文言悦读通》结构布局谨严，栏目内容精心设计并富含内在逻辑。采用【导引】（评析、要点）、原文、【注释】、【训练】、【拓展】（阐发、应用）和【译文】等相结合的编纂体例，力求让优秀的传统文化贴近现实生活，并融入课堂教育、课后练习，让经典文化灿烂地活跃于现代人的生活之中。

"评析"部分主要从内容上做简略叙述并解析该文之要义，以期明确、简要地勾勒出该文之主旨。本着"立意高远出境界"之着眼点，对所编材料渗透了易经智慧、老庄道家思想，以及孔孟为代表的儒家文化，努力体现着对经典文本解读的至高追求；个别经典文本的阐发还引用了当代作家对文本审美的评价。

如《诫子书》之【导引】：

《诫子书》是修身立志的名篇，文短意长、言简意赅，主旨是劝勉儿子勤学立志。修身养性要在"澹泊""宁静"上下功夫，最忌荒唐险躁。在理解文章内容、把握主旨和体会情感的基础上，从中获得淡泊明志、宁静致远的精神力量。反复诵读还可感受诸葛亮的人格魅力，提升品德修养。

【注释】部分，标明疑难字音、解释该字的意义。在注解字义及方法上，以突破他人之成见为尝试，在分析句式的前提下不再牵强附会，尽可能兼顾文章义理、接近本义地解释。

【训练】部分紧随原文与注释，紧扣阅读目标，精心设计训练内容。既有字词解释，又有重点句子翻译训练，既有选择题，更有联系生活实际的感想写作题。训练内容或由实而虚，或由客观而主观，或由知识点凝聚而发散性思考。本书运用新课标理念编写，实现训练与中考、高考的对接，真正做到训练链接真题、训练链接生活，学以致用，真正有实效。

如《智子疑邻》之【训练】第 3 题："文章简短，但情节生动曲折、寓意深厚。请你就情节或人物形象谈谈你的阅读感受。"

【译文】部分，以直译、通达、典雅为准则，这也是本书最大的特点。以"通""达"为目的，能以直译解释通，就不再穿凿附会其理；能以义理解释达，则不再牵强附会其意。间或有个人之见，也本着"持之有故，言之成理"的求证态度，力求词义、句意的解释、翻译以文意为基石而致"信达雅"。唯如此，在学习文言实用知识的基础上，还可以提升读者的文言阅读素养。

本书从形成初稿到校审完毕历时八年，以"信达雅"解读文言为宗旨，对个别疑难字词的解释采用"词不离句""句不离文"的原则，以求文通字顺，释词精准，对通篇文言的翻译采用直译的准则，以求字斟句酌，力求译文通顺。

当然，编著者在长期研习前人注解、译文的基础之上的心得，也不敢都视此为确定之说，只是"抛转"以期"引玉"之思而言之，定有贻笑大方之陋见，冀高明之士批正，当为习文言、研文言之快事。

"阐发"部分介绍作者、作品等与该文相关的背景材料，以助读者结合具体时代背景解读其人其文。

如《王华还金》【拓展】之"阐发"部分：

"王华还金"是一个典故，"王华还金"又叫作"王华沉银"。王华，字子陵，琅邪临沂人，南朝宋国（刘宋）官员。

"沧浪之水清兮,可以濯我缨。沧浪之水浊兮,可以濯我足。"（语出《楚辞·渔父》）

嬉戏之水何尝不是沧浪之水？有人因大醉而濯其足，有人为守品行而投囊金之袋于其中。这里的"客"与王华又何尝不是代表了两种不同的生活态度？有人或为金而醉而号，或为金而喜；有人因其智而"投"金于水，因其诚而"坐守"，更因其人品而"却不受"。

【拓展】之"应用"部分，结合该文言材料提炼出该文涉及的通假字或古今异义词，或一词多义现象、词类活用现象、特殊句式等，涉及小学、初中乃至高中文言文阅读过程中必备的共计 72 个重要实词和虚词的释义及例句，以助读者夯实文言文基础。

"日积月累"部分搜集整理"文言句子的朗读停顿处理""文言词义的五种理解法""文言阅读的正确打开方式""判断文言实词与虚词用法和意义的几种基本方法"等九篇。

编著要旨：

本书以"授人以渔"为宗旨，使读者知其然，更知其所以然。评析与阐发切中文本肯綮且富含意蕴；要点与训练凸显文本重点以夯实基础；注释与译文把握文本脉络，务求切实精准，拓展与贯通超越文本知识，可视通万里。

《诗经》云："谁谓河广，一苇杭之。"文言经典浩瀚如广河，愿《文言悦读通》犹如文言广河中的不系之舟，助读者拓展语言储备、厚增人文积淀，助读者体味圣贤操行之高洁、领悟历史文化之灿烂。是为后记。

愿《文言悦读通》通文化之根。

愿《文言悦读通》通华夏文明。

补充说明：

本书所引文献资料、应用部分的例句等，均来自出版的书籍或网络。编著者能撰写此书，幸赖前人的研究成果，在评析、注释、训练、阐发、应用与译文等过程中，力戒含糊其辞、模棱两可之说。然书中难免有见识浅陋、内容疏漏等不当之处，诚心期待读者批评指正。

在编著过程中，有幸得到居止各地的师长、同窗、益友的鼎力支持。延请在基层教育教学一线工作近四十年的正高级教师王书月教授、深耕中国古代文学且造诣丰厚的学院派博士后张幼良教授为《文言悦读通》撰写序；大家耆宿李昌集教授、茅盾文学奖获得者毕飞宇先生、鲁迅文学奖获得者庞余亮先生、新加坡华文教育工作者袁立红先生等或有赠言或做推介。

在此一并表示由衷的敬意与诚挚的谢意。

同时也再次感谢《文言悦读通》的读者。

梁溪一苇谨记于致远堂书斋

壬寅年小寒之夜